Freiheitsdialog

Philosophische Gespräche über wahre und falsche Freunde der Freiheit

von *Rolf Gröschner* und *Wolfgang Mölkner*

Inhalt

Prolog 1

Erstes Gespräch:
Nutzenmaximierer oder Verzweckung der Freiheit 8

Zweites Gespräch:
Moralapostel oder Verachtung der Freiheit 15

Drittes Gespräch:
Sündenprediger oder Verteufelung der Freiheit 21

Viertes Gespräch:
Heilslehrer oder Vernichtung der Freiheit 28

Fünftes Gespräch:
Sokrates und die Freiheit des Fragens 35

Sechstes Gespräch:
Aristoteles und die Gemeinschaft der Freien 42

Siebentes Gespräch:
Pico della Mirandola und die Freiheit des Lebensentwurfs 48

Achtes Gespräch:
Descartes und die Freiheit des Zweifelns 54

Neuntes Gespräch:
Rousseau und die geliebte Freiheit 61

Zehntes Gespräch:
Kant und die gedachte Freiheit 67

Elftes Gespräch:
Hegel und die gelebte Freiheit 74

Zwölftes Gespräch:
Heidegger, Sartre und die Freiheit der Existenz 80

Dreizehntes Gespräch:
Rombach, Bieri und die Struktur der Freiheit 88

Epilog 95

Prolog

Z (Zuhörerin) Sie haben sich also vorgenommen, philosophische Gespräche über die Freiheit zu führen.

R (Rolf Gröschner) Es sollen aber keine Zwiegespräche zwischen Philosophen werden. Dank Ihrer Beteiligung könnten sich Dreiergespräche entwickeln.

Z Und welche Art und Weise der Beteiligung erwarten Sie?

W (Wolfgang Mölkner) Wir sehen Sie in der Rolle einer kritischen Begleiterin und wünschen uns vor allem Nachfragen, wenn Ihnen das Gespräch unverständlich erscheint.

R Obwohl wir um Verständlichkeit bemüht sind, könnte es doch vorkommen, dass wir allzu fachphilosophisch reden und denken.

Z Man muss also nicht Philosophie studiert haben, um mitreden und mitdenken zu können?

W Nicht, wenn Sie Ihre Rolle ernst nehmen und allgemeinverständliche Erklärungen verlangen.

R Wir verstehen Sie als Vertreterin kritischer Zuhörer, die gern mitdiskutieren möchten, aber nicht in unser Gespräch eingreifen können.

Z Aha: Mir gestehen Sie solche Eingriffe zu. Dann möchte ich zunächst wissen, warum Sie einen Dialog über Freiheit oder wie Sie in Kurzform sagen, einen Freiheitsdialog zu führen gedenken.

R Weil wir seit Jahren eine paradoxe Entwicklung beobachten, die wir für bedenklich halten und dies gern offen ansprechen würden.

Z Nämlich?

W: „Der Mensch ist frei geboren, und überall liegt er in Ketten". Diese Diagnose des großen Freiheitsphilosophen Rousseau kann man auch für die heutige Zeit gelten lassen, wenn man ...

Z ... da möchte ich gleich dazwischen gehen. In vielen Staaten der Welt mag Rousseaus Feststellung gelten. Aber doch nicht bei uns.

W Die heutigen Ketten sind von anderer Art als zu Zeiten der Französischen Revolution. Darauf kommen wir gleich und Rousseaus anspruchsvolle Freiheitsphilosophie werden wir in einem eigenen Gespräch behandeln.

R Solange die Last der eisernen Ketten sozusagen am eigenen Leibe zu spüren ist, drängen die Menschen danach, sie abzuwerfen und sich von ihnen zu befreien. Wer sich aber nicht mehr gefesselt fühlt, verliert leicht das Gespür für den Wert der Freiheit.

W Nachdem wir uns an die Freiheit gewöhnt haben, nehmen wir sie für selbstverständlich. Das führt zu der erwähnten paradoxen Entwicklung: Je freier die Menschen in einer freiheitlichen Gesellschaftsordnung sich fühlen, desto weniger nehmen sie Bedrohungen ihrer persönlichen und politischen Freiheit wahr.

Z Von welchen Bedrohungen sprechen Sie?

R Im Prolog beschränken wir uns auf Stichwörter. Sie werden dann nachfolgend in den Themenbereichen „Falsche Freunde" und „Echte Feinde der Freiheit" vertieft.

W Die Informations- und Kommunikationsmöglichkeiten im Internet – unser erstes Stichwort – werden von vielen als enorme Erweiterung ihrer Freiheit empfunden. Das führt leicht dazu, die

Gefahren dieser neuen Freiheit zu übersehen oder zu unterschätzen.

R Mit jedem Klick am PC hinterlassen wir Spuren für die digitale Ewigkeit. Und seit Edward Snowdens Enthüllungen weiß die Welt, wie auf unsere Daten zugegriffen wird, und zwar nicht nur durch staatliche Geheimdienste, sondern auch durch die privaten Dienste der mächtigen Internetkonzerne.

W Der anfängliche Sturm der Entrüstung ist längst abgeflaut. Ein wirklicher Kampf zur Verteidigung unseres Grundrechts auf Vertraulichkeit und Sicherheit informationstechnischer Systeme wurde und wird nicht geführt.

R Im Gegenteil: Die Masse der Internet-Nutzer scheint nach der Devise zu verfahren „Ich habe doch nichts zu verbergen". Diese Verharmlosung einer echten Freiheitsgefahr wirkt für staatliche und private Schnüffler wie die Einladung zur Etablierung eines Systems totaler Überwachung.

W Der „Große Bruder" aus George Orwells Roman „1984" ist digitalisiert und damit perfektioniert worden. Das bereitet mir auch deshalb Sorgen, weil viele ohne jede Scheu und Scham Statusmeldungen, Fotos oder ähnliches auf den von ihnen bevorzugten Kommunikationsplattformen „posten".

R In den sozialen Netzwerken wird man leicht Opfer solcher Unbekümmertheit.

Z Nicht zu vergessen die Gefahr, fake news aller Art auf den Leim zu gehen. Wenn ausländische Mächte Wahlen manipulieren können und ein Präsidentschaftskandidat in Amerika mit gefälschten Nachrichten die Wahl gewinnt, ist dies ein Angriff auf die freiheitliche Demokratie.

W Eine weitere Gefahr sehen wir in der zunehmenden Ökonomisierung unserer Gesellschaft, die mit einer fortschreitenden Kommerzialisierung verbunden ist.

R Wir meinen damit die verinnerlichte Ideologie, letztlich sei alles käuflich. Teil dieser Ideologie ist die Vorstellung, auch Freiheit sei eine Frage des Geldes. Die Werbebranche setzt ganz auf diesen Trend und suggeriert „Ich bin frei, wenn und weil ich konsumieren kann". Konsumerlebnisse werden so als Freiheitserlebnisse verkauft.

W Die Gefahr für die Freiheit liegt hier in der Verwechslung von Sein und Haben.

R Wer den Kategorienunterschied zwischen frei „sein" und frei „haben" übersieht, verwechselt Freiheit mit Freizeit.

Z Verwechslung von Freiheit mit Freizeit – sehr pointiert!

W Unser drittes Stichwort lautet: Individualisierung bzw. Privatisierung des Freiheitsverständnisses. Wer glaubt, Freiheit betreffe nur ihn als privates Individuum, verdrängt fahrlässig die Freiheit auf dem Feld des Politischen und überlässt den öffentlichen Raum politischer Debatten anderen.

R Eine öffentliche Auseinandersetzung über die besseren Argumente ist in der Echokammer der Blogger-Gemeinde gar nicht gewollt.

Z Darf ich erfahren, was Sie mit Echokammer meinen?

R In den sozialen Netzwerken entstehen Gruppen von Gleichgesinnten, die ihre eigene Position durch „likes" mit dem Daumen nach oben verstärken. Die Nutzer solcher Blogs bekommen nur ihr eigenes Echo zu hören. Sie haben sich gleichsam in ihrer Echokammer eingeschlossen.

W Als letztes Stichwort nenne ich die zum Problem der Politik gewordene Alternative zwischen Freiheit und Sicherheit. Angesichts der terroristischen Anschläge votieren Viele für die Regel „Im Zweifel für die Sicherheit."

R Mein Votum lautet dagegen: Im Zweifel für die Freiheit.

W Aber damit ignorierst du das elementarste Bedürfnis des Menschen: Leben und Überleben stehen doch an erster Stelle der Bedürfnispyramide.

R Willst du etwa Freiheit zu einem sekundären Bedürfnis degradieren?

W Wie wir in unserem Gespräch über Rousseau hören werden, ist Freiheit die philosophische Bestimmung der Natur des Menschen. Dennoch kann es zur Abwehr lebensbedrohlicher Gefahren sinnvoll sein, auf bestimmte Freiheitsrechte zu verzichten.

R ... die dann immer weiter eingeschränkt werden, wenn die Gefährdung zunimmt. Die Sicherheitsfanatiker werden entsprechende Gefahren wittern und nach dem starken Staat rufen. Absolute Sicherheit wird es nicht geben. Aber der Sicherheitswahn kann im extremen Fall totalitäre Ausmaße annehmen und in einem Überwachungsstaat enden.

W Wenn ich an die Enthüllungen Snowdens denke, befinden wir uns doch schon im Vorstadium einer totalen Überwachung.

Z Verfallen Sie nicht in eine Rolle der Philosophen als typische Bedenkenträger, Pessimisten oder Schwarzseher?

W Wir haben nur problematische Aspekte angesprochen, die von Wissenschaftlern verschiedener Disziplinen diagnostiziert werden. Sie sind Grund genug, die Gefahren für unsere Freiheit ernst zu nehmen.

Z Aber die Feststellung einer Freiheitsgefahr setzt doch schon einen bestimmten Freiheitsbegriff voraus. Wie definieren Sie ihn?

R Wir beginnen unseren Dialog nicht mit der Definition eines philosophischen Begriffs, sondern mit Geschichten, die exemplarisch zeigen, auf welchen Freiheitsaspekt es uns jeweils ankommt.

W Die erste Geschichte ist eine Anekdote von Heinrich Böll: Sie demonstriert, was ein „Nutzenmaximierer" ist. Mit einem modernen Weihnachtsmärchen leiten wir in die Thematik der „Moralapostel" ein und als Einstieg in die „Sündenprediger" interpretieren wir die erste Strophe eines Kirchenliedes.

R Texte dieser Art gehen von Erfahrungen aus und geben Gelegenheit zu einer Diskussion über Bedrohungen unserer Freiheit durch Nutzenmaximierer, Moralapostel, Sündenprediger und andere Gefährder diesseits des Terrorismus.

Z Eine Frage hat mich von Anfang an beschäftigt: Warum soll die Philosophie der Freiheit, die Sie entwickeln wollen, in der Weise eines Dialogs vermittelt werden? Könnten Sie sich nicht zusammentun und am Ende ein gemeinsames Werk über Freiheit herausbringen?

R Wir könnten. Dann ginge aber die Lebendigkeit der argumentativen Auseinandersetzung ebenso verloren wie die dialogische Struktur einer Wechselrede, die unterschiedliche Positionsbestimmungen erlaubt.

W Unser Grundanliegen ist es, Philosophie im Gespräch wieder lebendig werden zulassen. Damit greifen wir die Tradition des alten Sokrates auf, der bekanntlich niemals schriftlich, sondern immer nur mündlich philosophiert hat.

Z Ich bin gespannt auf Ihre Dialoge und wünsche Ihnen aufmerksame Zuhörerinnen und Zuhörer – und falls einmal das Buch zu den Videos erscheint, aufmerksame Leserinnen und Leser.

Erstes Gespräch: Nutzenmaximierer oder Verzweckung der Freiheit

W Was unter dem Titel unseres ersten Gesprächs zu verstehen ist, wollen wir anhand eines literarischen Textes veranschaulichen, nämlich Heinrich Bölls „Anekdote zur Senkung der Arbeitsmoral".

R Dort fotografiert ein Tourist einen nach erfolgreichem Fang zufrieden in seinem Boot dösenden Fischer. Durch das Klicken des Fotoapparates geweckt, soll er in einem aufgedrängten Gespräch vom Nutzen mehrfacher Ausfahrten überzeugt werden.

Z Als Schriftsteller hat Böll mir schon immer gefallen. Ich lese seinen Text gern vor:

Stellen Sie sich vor, so der Tourist, Sie würden „nicht nur heute, sondern morgen, übermorgen, ja, an jedem günstigen Tag zwei-, dreimal, vielleicht viermal ausfahren – wissen Sie, was geschehen würde?"

Der Fischer schüttelt den Kopf.

„Sie würden sich in spätestens einem Jahr einen Motor kaufen können, in zwei Jahren ein zweites Boot, in drei oder vier Jahren vielleicht einen kleinen Kutter haben, mit zwei Booten und dem Kutter würden Sie natürlich viel mehr fangen – eines Tages würden Sie zwei Kutter haben, Sie würden…", die Begeisterung verschlägt ihm für ein paar Augenblicke die Stimme, „Sie würden ein kleines Kühlhaus bauen, vielleicht eine Räucherei, später eine Marinadenfabrik, mit einem eigenen Hubschrauber rundfliegen, die Fischschwärme ausmachen und Ihren eigenen Kuttern per Funk Anweisungen geben.[…] – „Und dann", sagt er, aber wieder verschlägt ihm die Erregung die Sprache.

Der Fischer klopft ihm auf den Rücken, wie einem Kind, das sich verschluckt hat. "Was dann?" fragt er leise.

"Dann", sagt der Fremde mit stiller Begeisterung, "dann könnten Sie beruhigt hier im Hafen sitzen, in der Sonne dösen – und auf das herrliche Meer blicken."

"Aber das tu' ich ja jetzt schon", sagt der Fischer, "ich sitze beruhigt am Hafen und döse, nur Ihr Klicken hat mich dabei gestört."

R Der Fischer hat sich seine Freiheit als Unabhängigkeit vom Zwang zur Nutzenmaximierung bewahrt.

Z Das Wort „Nutzen" und der Begriff „Nutzenmaximierer" kommen in Bölls Anekdote nicht vor. Ist es überhaupt legitim, einen literarischen Text philosophisch zu interpretieren oder – um es provozierend zu formulieren – darf man Dichtern Philosophie andichten?

R Ihre Frage ist durchaus berechtigt. Wir dichten aber nichts an, sondern legen aus.

W Dichter und Schriftsteller von Rang haben die Fähigkeit, philosophische Einsichten in poetischer Sprache zu vermitteln.

R Die Meisterdenker der Freiheitsphilosophie, die wir im Hauptteil unseres Dialogs behandeln werden, haben diese Ansprüche in ganz unterschiedlicher Weise umgesetzt. Platons Höhlengleichnis beispielsweise ist große Philosophie und großartige Dichtung gleichermaßen.

W Idealtypisch betrachtet besteht die wesentliche Differenz zwischen Poesie und Philosophie im unterschiedlichen Gebrauch der Sprache. Grundsätzlich sehen wir kein Problem, unseren philosophischen Dialog wenn möglich mit einem literarischen Text zu beginnen, den wir wegen seiner philosophischen Tiefendimension ausgesucht haben.

Z Dann bin ich jetzt gespannt, wie Sie Bölls Anekdote interpretieren, aus deren Tiefe die Philosophie der Nutzenmaximierung hervorgeholt werden soll.

W Der Fischer (F) und der Tourist (T) verkörpern zwei höchst unterschiedliche Weltsichten und Lebensanschauungen.

R T gehört offensichtlich in die Kategorie derjenigen, die nicht arbeiten, um zu leben, sondern leben, um zu arbeiten. Heute nennt man sie „workaholics". F dagegen steht für die einfache Ökonomie der Bedarfsdeckung und die alte Tugend der Bescheidenheit.

W T hält sich und seine Weltanschauung für überlegen. In quasimissionarischem Eifer entwickelt er eine verlockende Botschaft. Er entwirft eine Spirale des Wachstums und der maximierenden Steigerung von Erträgen: Boot mit Motor, ein Kutter, zwei Kutter – immer mehr, immer größer.

R Begeistert redet T sich außer Atem, bis F ihn unterbricht. Der Wendepunkt des Gesprächs ist ein ganz verschiedenes Verständnis des Wörtchens „dann".

W Im visionären „und dann" des T liegt etwas Grenzenloses, Infinites, das ewige Steigerungsraten verspricht. F dagegen wandelt das „und dann" in ein „was dann" um, hinter dem ein Fragezeichen steht. Er fragt nicht nach dem Nutzen, sondern nach dem Sinn immer weiteren Wachstums.

R Bis zum Atem holenden „und dann" steht T unter dem Zwang seiner zur Ideologie gewordenen Weltsicht der Nutzenmaximierung.

W In der globalisierten Welt herrscht weltweite Konkurrenz. Wer im globalen Wettbewerb gewinnen will, ist geradezu gezwungen, sich nicht mit dem Optimum zufrieden zu geben. Seine Nutzenmaximierung verlangt nach Profitmaximierung, die schließlich zum Selbstzweck wird.

Z Darf ich hier um eine Präzisierung bitten: Worin besteht denn der Unterschied zwischen Optimierung und Maximierung? Auf den ersten Blick ist dies für mich dasselbe.

W Unter einem Optimum versteht man das beste Ergebnis einer Abwägung zwischen verschiedenen Parametern, um ein bestimmtes Ziel zu erreichen. Das Maximum im Sinne der Erreichung des größten Nutzens nimmt dieses Ziel hingegen als Selbstzweck. Gewinnmaximierung, zur Profitmaximierung gesteigert, betrachtet den Profit als einen solchen Selbstzweck.

R Andere Aspekte – hinsichtlich einer Abwägung – spielen bei Profitmaximierung keine Rolle. Sie zielt nicht qualitativ auf das beste Ergebnis, sondern quantitativ auf die größte Zahl.

W Angesichts einer endlichen Welt mit endlichen Ressourcen geraten wir jedoch in ein Dilemma und müssen wie der Fischer fragen: und dann? Wenn Profitmaximierung zum Selbstzweck geworden ist, dürfen die Maximierer nicht mehr nach dem „und dann?" fragen, sondern müssen es ausblenden.

Z Wie mir scheint, sind wir angesichts der herrschenden Ideologie der Nutzenmaximierer geradezu konditioniert, das „und dann?" zu ignorieren.

R So ist es. Die Nutzenmaximierer des Profits sind falsche Freunde der Freiheit: Sie meinen, sich die Freiheit nehmen zu können, natürliche Grenzen zu missachten. Der Maximierungstraum des Touristen aus der Anekdote ist bereits Realität: Statt der Kutter befahren heute riesengroße Hochseeschiffe die Meere. Sie gleichen teilweise schwimmenden Fabriken, auf denen der Fisch gleich filetiert und tiefgefroren wird.

W In Folge dieser Maximierung haben chinesische Hochseeschiffe zusammen mit europäischen nun auch die Küste vor Somalia leergefischt und die brotlos gewordenen somalischen Fischer kapern seither Tanker, um Lösegeld zu erpressen.

R Die Maximierung machte aus Fischern Piraten. Das hat sich der Böllsche Tourist nicht träumen lassen.

Z Jetzt werden Sie aber sentimental.

W Immer, wenn man auf die Opfer der Maximierungsideologie hinweist, begegnet man diesem Vorwurf.

R Das genannte Beispiel ist leider keine erfundene Räubergeschichte. Seine Realität beweist, dass unbegrenzte Maximierung auf begrenzte Ressourcen stößt. Noch kann man in andere Gewässer ausweichen.

W Aber die Weltmeere sind endliche Wassermassen. Deshalb hätte sich die internationale Politik längst auf Optimierung besinnen müssen. Immerhin ist „Nachhaltigkeit" ein neues Modewort geworden. Ich möchte aber noch einmal auf die Anekdote von Böll zurückkommen. Die darin enthaltene Lehre würde ich folgendermaßen zusammenfassen: Der Zweck der Maximierung steigert sich zur Verzweckung des Menschen, der dadurch seine Freiheit verliert.

R Befinden wir uns nicht in einer neuen Dilemmasituation? Nicht erst seit Beginn der Globalisierung funktioniert unsere gesamte Wirtschaft nach dem ökonomischen Prinzip, mit gegebenen Mitteln maximalen Ertrag oder einen erstrebten Ertrag mit minimalem Mitteleinsatz zu erwirtschaften.

W Sicherlich. Und nicht nur unser Wirtschaftssystem, sondern auch unser Privatleben gerät zunehmend unter die Zwänge solcher Zweck-Mittel-Verhältnisse. Im Zeitalter der Digitalisierung gerät auch das Private, das ich als individuellen Freiheitsraum verstehe, in den Sog der Maximalisierung.

Z „Maximalisierung" ist wohl Ihr Terminus für das Prinzip der Maximierung außerhalb der Ökonomie?

W Genau.

R Die global gewordene Einstellung der Nutzenmaximierung hat sich von rein ökonomischen Phänomenen abgekoppelt. Man kann heute von einer Maximierung – Pardon: Maximalisierung – der Zeit sprechen.

W Als Beispiel führe ich die Verknappung der Zeithorizonte in modernen Arbeitsprozessen an. Was früher vier oder fünf Menschen erledigten, muss heute ein einziger leisten – wobei psychische Erkrankungen ständig zunehmen. Für mich sind dies Auswirkungen der maximalisierenden Nutzung von Zeit.

R Die Maximalisierung der Zeit hat eine Beschleunigungsdynamik freigesetzt, die durch digitale Technologie unterstützt und verstärkt wird. Der Blick auf das Smartphone wird zu einem Habitus mit Suchtcharakter.

W Die smarte Welt definiert einen Lebensstil, der sich als alternativlos ausgibt. Alternativlosigkeit und Sucht sind Anzeichen für Unfreiheit.

R Die Erfolge in unserer Leistungsgesellschaft hängen auch davon ab, nach vorgegebenen Zwecken zu handeln und dafür die richtigen Mittel einzusetzen. Aber gerade diese nutzenmaximierende Zweck-Mittel-Rationalität kann Ursache für den Verlust der Freiheit sein, wenn diese Art der Rationalität zur weltbeherrschenden Ideologie wird.

Z Was aber dann?

Zweites Gespräch: Moralapostel oder Verachtung der Freiheit

W Was wir unter „Moralaposteln" verstehen, können wir wiederum an einem literarischen Text veranschaulichen. Er trägt den Titel „Auch eine Weihnachtsgeschichte".

Z Dann übernehme ich gern auch wieder die Rolle der Vorleserin:

Er hatte schon eine Idee, was er seinem siebenjährigen Sohn Max dieses Jahr zu Weihnachten schenken könnte. Auf dem Fahrrad unterwegs in die City, begegnete er Unmengen unfröhlich dreinblickender, gestresster Menschen, die ihre übergroßen Einkaufstüten mit Engelchendesign kaum tragen konnten.

Mit einem Schlag war seine vorweihnachtliche Stimmung verflogen. Es ekelte ihn regelrecht beim Anblick der Opfer dieses konsumwütigen Geschenketerrors. Auf der Stelle kehrte er um. Eine neue Idee war geboren.

Wie gewohnt zündete Paula Biedermann um 18 Uhr die Kerzen auf dem Christbaum an. Kaum waren die letzten Silben „O du fröhliche" verstummt, fischte Max auch schon das Geschenk seines Vaters unter dem Baum hervor. Hastig öffnete er die kleine Holzschachtel, fand aber nur einen Zettel, den er zögernd und mit zunehmender Enttäuschung herauszog.

Paula Biedermann konnte nicht verstehen, warum Max in sein Zimmer rannte und sich darin einschloss. Sie musste lange betteln, bis er schließlich die Tür öffnete. Auf ihre wiederholte Frage, was denn los sei, sagte er schluchzend: „Auf ein Geschenk hätte ich verzichten können, aber dass Vater mir auf diese Weise verkündet: ‚Kein Weihnachtsgeschenketerror mehr

– also auch kein Geschenk' zeigt mir, wie wenig ich ihm wert bin."

Z   Soweit die aus Sicht des Sohnes traurige Weihnachtsgeschichte. Da Sie mit „Moralapostel" nur den Vater meinen können, hat dieses Wort bei Ihnen eindeutig negative Bedeutung.

R   Weil wir die Moralapostel – ebenso wie die Nutzenmaximierer – zu den falschen Freunden der Freiheit zählen. Der Maßstab ihres Handelns ist ausschließlich die eigene Überzeugung, deren Moralität sie für absolut halten, auch wenn das Handeln nach dieser Überzeugung andere verletzt.

W   Vater Biedermann wurde durch die Situation in der City belehrt, um nicht zu sagen bekehrt, wenn man den Satz „Auf der Stelle kehrte er um" entsprechend deutet. Er fährt als ein anderer zurück als er von zuhause losfuhr. Diese für ihn bedeutsame Erkenntnis, diese Lehre will er unbedingt an seinen Sohn weitergeben, und zwar überzeugt, ihm damit etwas Gutes zu tun.

R   Indem er seine Bekehrung sozusagen als apostolisches Moralbekenntnis an den Sohn weitergeben will, macht er sich zum Apostel seiner eigenen Moral, ungeachtet der Bedürfnislage des Sohnes. Weil ihn dessen Situation nicht interessiert, bewerten wir sein Aposteltum negativ.

Z   Wenn ich mir den Titel vor Augen halte „Moralapostel oder Verachtung der Freiheit", kann ich zwar einräumen, dass Paul Biedermann die Erwartung von Max nicht beachtet, wenn Sie wollen sogar verachtet, aber doch nicht dessen Freiheit.

R   Zum Aspekt der Freiheit kommen wir gleich. Betrachten wir zunächst die Situation von Max. Seit er sich erinnern kann, ist Weihnachten für ihn der Tag der Geschenke. Völlig unvorbereitet trifft ihn die Aktion seines Vaters. Seine nachvollziehbare Enttäuschung ist zweifach begründet. Zunächst ist er enttäuscht, kein Geschenk zu bekommen. Nach eigenem Bekunden hätte er darauf allerdings verzichten können.

W Aber wie der Vater an ihm seine neue Idee, seine bekenntnishaft veränderte Weihnachtsmoral regelrecht exerziert, trifft ihn ins Mark. Wenn er sagt, wie wenig wert er seinem Vater sei, ist das seine spontane Empfindung. Aber es liegt noch mehr darin. Ich meine, er fühlt sich als Mensch, als Person in seiner Würde verletzt.

Z Ist dies nicht etwas zu hoch gegriffen? Reicht es nicht zu sagen: Der Vater hat seinem Sohn seinen Willen aufgedrängt? Was ja auch schon eine Art der Freiheitseinschränkung wäre.

R Jedenfalls kommt hier die Freiheit ins Spiel. Denn ein Verhältnis wechselseitiger Freiheit – oder kurz: ein Freiheitsverhältnis – wäre erst und nur dann gegeben, wenn der Vater den Sohn als Person, als Subjekt anerkennen würde. In unserem Fall macht er ihn jedoch zum Objekt und versagt ihm die ihm gebührende, ihn buchstäblich würdigende Anerkennung.

W Auch das Bundesverfassungsgericht sieht die Würde immer dann als verletzt an, wenn der einzelne Mensch zum bloßen Objekt des Staates degradiert wird.

Z Wie hängt denn Ihre Weihnachtsgeschichte mit der Rechtsprechung des Bundesverfassungsgerichts zusammen?

W Auch wenn es Sie überraschen dürfte: Dieser Zusammenhang wird in einem höchst aktuellen Theaterstück deutlich: im Justizdrama „Terror" des gelernten Strafverteidigers Ferdinand von Schirach.

R Das Drama macht einem Piloten der Luftwaffe den Prozeß, der ein von Terroristen gekapertes Flugzeug mit 164 Personen an Bord abgeschossen hat, um das Leben von 70.000 Menschen in einem vom gezielten Absturz bedrohten Fußballstadion zu retten. Am Ende stimmen die Zuschauer darüber ab, ob er wegen Mordes in 164 Fällen zu verurteilen oder freizusprechen ist.

W Im Internet kann man den aktuellen Stand der Abstimmungsergebnisse aufrufen. Statistisch signifikant ist, dass der Freispruch deutlich häufiger erfolgt als die Verurteilung. Die Mehrheit des Theaterpublikums folgt dabei einer anderen Auffassung als die acht Verfassungsrichter in Karlsruhe.

R Noch deutlicher als die Theaterbesucher haben sich die Fernsehzuschauer in Deutschland, Österreich und der Schweiz für einen Freispruch entschieden, als sie im Rahmen einer Eurovisionssendung Gelegenheit hatten, über die als Film inszenierte Mordanklage gegen den Piloten zu entscheiden.

Z Inwiefern diese Mehrheiten gegen das Bundesverfassungsgericht entschieden haben, müssen Sie genauer erklären.

R „9/11" – das Datum des Terroranschlags auf das World Trade Center in New York am 11. September 2001 – hatte in Deutschland ein „Luftsicherheitsgesetz" zur Folge, das die Streitkräfte ermächtigte, Luftfahrzeuge abzuschießen, die als Tatwaffe gegen das Leben von Menschen eingesetzt werden sollen. Die betreffende Bestimmung wurde jedoch vom Bundesverfassungsgericht als unvereinbar mit dem Grundgesetz und damit für nichtig erklärt.

W Das Gericht argumentierte mit der Menschenwürde. Die zentrale Passage des Urteils lautet: Wegen Artikel 1 Absatz 1 Satz 1 GG – „Die Würde des Menschen ist unantastbar" – sei es „schlechterdings unvorstellbar, auf der Grundlage einer gesetzlichen Ermächtigung unschuldige Menschen, die sich wie die Besatzung und die Passagiere eines entführten Luftfahrzeugs in einer für sie hoffnungslosen Lage befinden [...], vorsätzlich zu töten."

R Die ungewöhnlich unduldsame Formulierung „schlechterdings unvorstellbar" ist ein deutlicher Ausdruck der vorgenommenen Verabsolutierung: Die Würde wird im Unterschied zu allen anderen Gütern der Verfassung unbedingt und ausnahmslos für unabwägbar mit kollidierenden Verfassungsgütern erklärt.

W Ich habe die Formulierung „Die Würde des Menschen ist unantastbar" stets in einem solchen absoluten Sinne verstanden. Eine Antastung soll eben „schlechterdings unvorstellbar" sein.

R Aber ist es nicht „schlechterdings unvorstellbar", den Opfern im Stadion jene Würde zu verweigern, die den Opfern im Flugzeug zugestanden wird (obwohl sie in jedem Fall getötet werden)? Nach der Entführung des Arbeitgeberpräsidenten Hanns-Martin Schleyer durch die Terrororganisation „Rote Armee Fraktion" (RAF) im Herbst 1977 hat das Bundesverfassungsgericht den Forderungen der Entführer auf Freilassung inhaftierter RAF-Terroristen widerstanden und die staatliche Duldung der angedrohten „Hinrichtung" eines Unschuldigen in einer für ihn hoffnungslosen Lage *nicht* für „schlechterdings unvorstellbar" erklärt.

W Für mich besteht ein gravierender Unterschied zwischen der Tötung durch Unterlassen im Fall Schleyer und durch aktives Handeln im Falle eines Flugzeugabschusses.

R Verfassungsrechtlich ist diese Unterscheidung ohne Bedeutung. Das ergibt sich unmittelbar aus dem zweiten Satz des Grundgesetzes. Er lautet: „Sie (die Menschenwürde) zu achten und zu schützen ist Verpflichtung aller staatlichen Gewalt."

Z Wie unterscheiden sich diese beiden staatlichen Pflichten in Schirachs „Terror"-Drama?

R Die Achtungspflicht bezieht sich auf die unschuldigen Menschen im Flugzeug, die Schutzpflicht auf die nicht weniger unschuldigen Menschen im Stadion. Im Dilemma dieser Pflichtenkollision ist es ein fatales Fehlurteil, die Achtungspflicht in moralapostolischer Weise absolut zu setzen und die Schutzpflicht einfach zu ignorieren.

Z Wie hat das Bundesverfassungsgericht seine harte Haltung im Fall Schleyer begründet?

R Der zentrale Satz der Entscheidung enthält die kontradiktorische Gegenposition zum Luftsicherheitsurteil: „Das Grundgesetz begründet eine Schutzpflicht nicht nur gegenüber dem Einzelnen, sondern auch gegenüber der Gesamtheit aller Bürger". Eben weil wir alle des Schutzes vor terroristischer Bedrohung bedürfen, kann es zur Terrorabwehr geboten sein, das Leben Unschuldiger zu opfern. Warum sollte eine gegenüber der RAF wehrhafte Republik gegenüber islamistischen Terrororganisationen wehrlos geworden sein?

W Millionen Fernsehzuschauer haben den wehrhaften Piloten des „Terror"-Dramas freigesprochen und damit für die Wehrhaftigkeit unserer Republik votiert. Wenn diese Millionen das Volk repräsentieren, ist das eine deutliche Relativierung des Absolutheitsanspruchs der acht Karlsruher Moralapostel.

Drittes Gespräch: Sündenprediger oder Verteufelung der Freiheit

W Heute möchte ich unser Gespräch mit einem Kirchenlied beginnen. Es vermittelt eine bestimmte religiöse Vorstellung und übersetzt den Kirchengläubigen religiöse Begriffe und Bilder in emotionale Erlebnisse.

Z Wenn Sie mich auch hier in der Rolle der Vorleserin hören wollen – gern. In der ersten Strophe heißt es:

> *Ich bin ein armes Sündenkind,*
> *bös von Natur und geistlich blind,*
> *verderbt an allen Enden;*
> *die Bürd' ist schwer, die Last ist groß,*
> *ich aber trost- und tugendlos;*
> *wohin soll ich mich wenden?*

Z Da könnte man ja regelrecht Mitleid bekommen. Von Verteufelung der Freiheit ist aber nicht die Rede.

W Lassen Sie uns Zeit, um den Teufel im Detail zu entdecken.

R Wer sich mit dem Liedtext identifiziert, erklärt sich selbst zum Sündenkind. Denn der Text spricht nicht von einem tatsächlich begangenen Fehlverhalten, sondern von der menschlichen Grundsituation einer von Natur aus bösen Existenz.

W Wenn dem Sündenkind in den Mund gelegt wird, es sei „bös von Natur", dann handelt es sich um eine moralische Qualifizierung von „böse". Und weil dieses moralisch Böse in der menschlichen Natur als solcher liege, kann es persönlich weder verursacht noch verantwortet werden. Der theologische Terminus hierfür ist „Erbsünde".

R Außerdem bekennt das „Sündenkind", dass es durch das Erbe der Sünde wie durch ein schlechtes Erbgut belastet ist, eine Last, die es niederzieht und trostlos macht. Genau dies ist es, was Sündenprediger den Gläubigen seit der Erfindung der Ursünde durch Augustinus eingeredet haben und was sie sonntäglich in Kirchenliedern in die Seelen armer Sünder gießen.

W Aber Augustinus ist nicht der Erfinder dieser menschenverachtenden Auffassung. Ihre Geschichte beginnt eigentlich schon mit der Paradieserzählung.

Z Sie meinen den Mythos von Adam, Eva und der Schlange?

W Ja, diese Geschichte mein' ich. Aber interessant, dass Sie von einem Mythos sprechen. Paulus, der den Mythos für seine theologischen Interessen instrumentalisiert, deutet diese Erzählung aber historisch.

Z Dann wären Adam und Eva geschichtlich gesehen die ersten Menschen gewesen?

R Sofern man kein Anhänger des Kreationismus ist, der die Evolution als solche leugnet, wird jetzt schon klar, dass die Paradieserzählung nichts als ein Mythos sein kann.

W Wichtig ist, dass der Verfasser dieser mythologischen Erzählung den Menschen zum gefallenen Wesen erklärt, weil er gegen das göttliche Gebot gehandelt und damit die Ursünde begangen hat. Paulus benutzt diese Erzählung für die Zwecke seiner Heilsideologie, indem er sie seiner Auffassung vom Opfertod Christi kontradiktorisch entgegenstellt: Adam bringt die Sünde in die Welt, Christus erlöst von der Sünde.

Z Jetzt werden Sie aber sehr theologisch!

W Ich habe nur den Hintergrund beleuchtet, um das Kirchenlied angemessen zu verstehen. Das Sündenkind thematisiert drei Aspekte: geistlich blind, verderbt an allen Enden und tugendlos. In diese Situation haben das arme Kind die Sündenprediger gebracht.

Z Von Verteufelung der Freiheit ist jedoch noch immer keine Rede.

W Wenn man hinter der Schlange in der Paradieserzählung mit Augustinus den Teufel sieht, dann kommt er eben auf diese hintergründige oder sogar hinterlistige Weise ins Spiel.

R. Mit Augustinus beginnt eine Logifizierung paulinischer Schriften. Seine bereits erwähnte Lehre von der Ursünde führt zu einer argumentationslogischen Bestreitung der Freiheit im Sinne der Willensfreiheit.

W Auch Augustinus historisiert den Adam-Mythos. Als erster Mensch in der Menschheitsgeschichte gebraucht Adam seine ursprüngliche Freiheit nur, um gegen Gottes Gebot zu verstoßen. Diese Ursünde wird nach Augustins Lehre an das menschliche Geschlecht durch Zeugung weitervererbt.

R Der Zeugungsakt ist somit ein Sündenakt. In ihm wird mit der Weitergabe des Lebens Adams Sünde vererbt. Zu diesem Erbe gehört auch der Verlust ursprünglicher Freiheit. „Non posse non peccare" lautet die augustinische Formel: „Ich kann nicht *nicht* sündigen". Damit sagt er, dass der Mensch nicht das Vermögen hat, ohne Sünde zu leben.

Z Welch schreckliches Menschenbild!

R Erschwerend kommt noch die augustinische Prädestinationslehre hinzu, auf die wir nicht näher eingehen können. Nur so viel:

Prädestination schließt Freiheit aus, weil menschliches Heil oder Unheil göttlich vorherbestimmt ist.

Z Ist das etwa auch Luthers Lehre?

R Ihre Frage ist nur allzu berechtigt. Denn Luther war ja nicht nur Augustinermönch, sondern in seiner freiheitsfeindlichen Gnadenlehre auch ein überzeugter Anhänger des „heiligen" Augustinus.

Z Das klingt nach Vorverurteilung. Für mich ist sein Mut bewunderungswürdig, im Angesicht des Kaisers und angesichts des Kirchenbanns zu seiner Überzeugung zu stehen.

W Beim Mut sind wir uns einig. In der uns interessierenden Sündenlehre vertritt Luther aber geradezu mit Verbissenheit Positionen, aufgrund derer wir gar nicht anders können, als ihn zu den Sündenpredigern zu zählen.

R Seine Bedeutung für die Reformation der Kirche bleibt von unserer Kritik unberührt. Seine Rechtfertigungslehre setzt jedoch den Status des Sündenkindes voraus.

Z Dann gilt mein Respekt mehr der Person Luthers als seiner Lehre.

W Zur Person Luthers gehört auch, dass er jahrelang von Angstattacken vor dem strafenden Gott geplagt wurde. An manchen Tagen ging er mehrmals zur Beichte, weil er sich wie das Sündenkind des Kirchenliedes verdorben und schuldig fühlte. Die Erbsündenlehre Augustins hatte auch bei ihm verheerende Wirkung.

R Rückblickend auf seine Wittenberger Mönchstage schreibt Luther: „Wiewohl ich als untadeliger Mönch lebte, verspürte ich doch unruhigen Gewissens, dass ich vor Gott ein Sünder sei […]

Mit unermesslichem Murren entrüstete ich mich über Gott und sprach: als ob es nicht genug sei, dass die elenden Sünder, die auf ewig durch die *Erbsünde* verloren seien, mit aller nur denkbaren Not durch das Gesetz der Zehn Gebote bedrückt wären, habe Gott noch durch das Evangelium selbst uns seine Gerechtigkeit und seinen Zorn angedroht."

W Im Fokus unserer Kritik steht Luther als Disputant mit Erasmus von Rotterdam, dem großen europäischen Gelehrten.

R Im Jahr 1524 veröffentlicht Erasmus eine Schrift mit dem Titel „De libero arbitrio", in der er für die Freiheit des Willens plädiert und damit argumentativ der Auffassung Luthers vom unfreien Willen widerspricht.

W Luthers Antwort auf diese Schrift trägt den Titel „De servo arbitrio", „Vom geknechteten Willen", oft auch paraphrasiert „Vom unfreien Willen".

R Im Anschluss an Augustinus schreibt er dort: „Das freie Willensvermögen vermag aus eigener Kraft nichts, außer zu fallen, und es ist zu nichts im Stande, außer zu sündigen."

W Luther bezieht sich in der Bestreitung der Willensfreiheit ausdrücklich auf Augustinus: „Ich glaube auch nicht, dass Augustin etwas anderes gewollt hat, als dass der freie Wille, nachdem er die Freiheit verloren hat" – durch die Adamsünde wie ich ergänzen möchte – „unter die Knechtschaft der Sünde gezwungen worden ist und gar nichts Gutes wollen könne."

R Und wie Augustinus sieht er den Menschen als Objekt göttlicher und teuflischer Machtansprüche. Zitat: „So ist der menschliche Wille in die Mitte gestellt, wie ein Zugtier. Wenn Gott darauf sitzt, will und geht es, wohin Gott will [...]. Wenn Satan darauf sitzt, will und geht es, wohin Satan will. Und es liegt nicht an seinem Willensvermögen, zu einem von beiden Reitern zu laufen oder ihn zu suchen. Vielmehr streiten die Reiter selbst darum, es in Besitz zu nehmen und in Besitz zu behalten."

W   Luthers Teufelsglaube wird im nächsten Satz deutlich: „Wenn wir so glauben, Satan sei der Fürst dieser Welt, der dem Reiche Christi aus allen Kräften ewiglich nachstellt und gegen es ankämpft, um die gefangenen Menschen nicht loszulassen, […] ist wiederum offensichtlich, dass es kein freies Willensvermögen geben kann."

R   Luther fürchtet die Freiheit geradezu. Denn wer frei ist, setzt sich den Verführungen des Teufels aus und endet in der Verdammnis. Deshalb ist es besser, bzw. heilsam, auf die Freiheit zu verzichten.

Z   Das kann ich mir nicht vorstellen!

W   Dann hören Sie Luthers antifreiheitliches Bekenntnis: „Ich bekenne durchaus von mir: […] ich würde nicht wollen, dass mir ein freies Willensvermögen gegeben wird […]."

Z   Ich bin sprachlos! Und das im Lutherjahr!

R   Luthers mittelalterliches Denken ist noch nicht überwunden, denn Sündenprediger beharren bis heute auf der Erbsünde, die sie wie ein Dogma – und damit im heutigen Sprachgebrauch postfaktisch – verteidigen. So erzeugen sie in armen Sündenkindern den freiheitsfeindlichen Glauben, bös von Natur zu sein, geistlich blind und daher auf ewig verdammt.

Z   Aber wer glaubt denn heute noch wirklich an die Erbsünde?

W   Wahrscheinlich nur christliche Fundamentalisten. Aber insofern die paulinische Lehre vom Opfertod Christi als Erlösung armer Sünder weiterhin gepredigt wird, bleibt die Vorstellung von der Erbsünde aktiv, selbst wenn kirchliche Vertreter sie als solche nicht thematisieren.

Z Ich würde eine Befreiung von der Erbsündenlehre begrüßen und gern einen Jesus von Nazareth kennenlernen, der nicht, wie gepredigt, um unserer Erbsünde willen gestorben ist. Dann hätte die Rede von der Freiheit eines Christenmenschen wahrhaft freiheitlichen Sinn.

Viertes Gespräch: Heilslehrer oder Vernichtung der Freiheit

Z Ihr Gespräch über „Sündenprediger" haben Sie mit einem Kirchenlied begonnen. Was bieten Sie an, um auf „Heilslehrer" einzustimmen?

R „Heil Hitler" wäre ein Anfang nach Art einer Schocktherapie.

W Lassen wir den Schock erst einmal wirken und stellen wir unsere Auseinandersetzung mit der als Buch getarnten nationalsozialistischen Heilsschrift „Mein Kampf" zunächst zurück.

R Auch die im stalinistischen GULAG Ermordeten sind Opfer einer Heilslehre geworden: des Marxismus-Leninismus. Das Standardwerk zu beiden Herrschaftsideologien ist Hannah Arendts Buch „Elemente und Ursprünge totaler Herrschaft".

W Die zentrale Aussage lautet: „Totale Herrschaft" schließt die ihr Unterworfenen und von ihr Unterdrückten „mit solcher Gewalt in das eiserne Band des Terrors [...], daß der Raum des Handelns, und dies allein ist die Wirklichkeit der Freiheit, verschwindet".

R Das erklärt die Überschrift des heutigen Gesprächs: „Heilslehrer oder Vernichtung der Freiheit".

Z Unter Heilslehrer hatte ich etwas anderes erwartet.

R Das Heil, das in den Lehren des Marxismus-Leninismus und des Nationalsozialismus in Aussicht gestellt wurde, war kein geistliches, sondern ein weltliches Heil. Dort wurde ein Leben in einer klassenlosen Gesellschaft von Kommunisten entworfen, hier die rassereine Herrschaft der Arier in einem tausendjährigen Reich der Deutschen.

W Das „tausendjährige" Reich Hitlers war eine Heilsidee von vergleichbarer Verblendung und ähnlicher Hybris wie das Heilsversprechen einer weltweiten Beendigung des Klassenkampfes aufgrund der „proletarischen Revolution" marxistisch-leninistischer Provenienz.

Z Wollen Sie etwa Revolutionen überhaupt kritisieren?

W In ihrem Buch „Über die Revolution" hat Hannah Arendt eindringlich und überzeugend dargelegt, wie erhellend es ist, den Revolutionsbegriff als solchen freiheitsphilosophisch zu begründen: durch die Unterscheidung zwischen legitimer, d.h. freiheitlicher und illegitimer, freiheitswidriger Herrschaft.

R Lenin und Hitler, Mao, Castro oder Guevara führten ihre revolutionären Kämpfe nicht im Namen der Freiheit, sondern im Namen ihrer bolschewistischen, nationalsozialistischen oder kommunistischen Ideologie. Wer es mit politischer oder republikanischer Freiheit ernst meint, kann keinen Revolutionsplan für das ewige Heil der Welt entwerfen.

Z Sie haben soeben Lenin genannt und vorher von Marxismus-Leninismus gesprochen, aber Marx und auch Engels nicht erwähnt. Sind die beiden nicht die wichtigsten Heilslehrer des Marxismus?

R Lassen Sie uns zuerst zentrale Sätze ihrer philosophischen Grundposition betrachten und danach entscheiden, ob sie als Heilslehrer zu bezeichnen sind.

W Ein Satz, auf den sich Marxisten gerne beziehen, lautet: „Es ist nicht das Bewußtsein der Menschen, das ihr Sein, sondern umgekehrt ihr gesellschaftliches Sein, das ihr Bewußtsein bestimmt."

R Ähnlich bekannt geworden ist die sogenannte „Feuerbach-These": „Die Philosophen haben die Welt nur verschieden interpretiert, es kommt aber darauf an, sie zu verändern."

Z Wenn es Marx nicht auf die Weltinterpretation ankam, sondern auf die Weltveränderung, wird dann der Philosoph nicht notwendig zum Politiker?

W Grundsätzlich würde ich Ihnen zustimmen. Weil Marx und Engels davon ausgehen, dass das Bewußtsein nie etwas anderes sein kann als das bewußte Sein, und das Sein der Menschen ihr wirklicher Lebensprozess ist, muss man eben diesen Lebensprozess verändern, wenn man das massenhafte Elend der Kinderarbeit und der Fabrikarbeiter ändern will.

Z Verändern oder revolutionieren?

R Da der Konflikt zwischen den bürgerlich Besitzenden und den besitzlosen Proletariern unausweichlich ist, kann er nur in der proletarischen Revolution gelöst werden mit dem Ziel der Errichtung einer klassenlosen kommunistischen Gesellschaft. Dieses Ziel sieht Marx geschichtsphilosophisch begründet als Fortsetzung der französischen Revolution.

W Im Kommunistischen Manifest schreibt er zur proletarischen Revolution: „Die Proletarier haben nichts in ihr zu verlieren als ihre Ketten. Sie haben eine Welt zu gewinnen." Das Abwerfen von Ketten darf ja wohl als Akt der Befreiung, der Emanzipation verstanden werden. Insofern zähle ich Karl Marx zu den Freiheitsphilosophen.

R Damit stehen wir vor dem Problem, ob die proletarische ebenso wie die französische Revolution nach Hannah Arendts Definition als Freiheitsrevolution charakterisiert werden kann.

Wenn ja, ist Marx als Philosoph ein Freiheitsfreund, wenn nein, als Heilslehrer ein Freiheitsfeind.

W Der junge Marx schrieb: „Die Kritik der Religion endet mit der Lehre, daß der Mensch das höchste Wesen für den Menschen sei, also mit dem kategorischen Imperativ, alle Verhältnisse umzuwerfen, in denen der Mensch ein erniedrigtes, ein geknechtetes, ein verlassenes, ein verächtliches Wesen ist." Diese Sätze zeigen, dass Marxens philosophischer Ansatz ein emanzipatorischer, ein freiheitlicher ist.

R Und deshalb soll die proletarische Revolution eine Freiheitsrevolution sein?

Z Hat Marx nicht sogar die Diktatur des Proletariats proklamiert?

R Genau, und da Diktatur despotischen Charakter hat, schließt sie Freiheit aus.

W Es kommt aber darauf an, was er mit dem Begriff Diktatur meint. Die Diktatur des Proletariats ist nur ein Moment in der revolutionären Bewegung. Wer soll denn in einer klassenlosen Gesellschaft durch Diktatur beherrscht werden, wenn die Verhältnisse von Herrschaft und Unterdrückung ein Ende gefunden haben?

R Wenn in der klassenlosen Gesellschaft alle gleich sein müssen, haben wir es mit einer Gleichschaltung zu tun, die das Gegenteil von Freiheitlichkeit ist.

W Ich antworte mit Marx: „An die Stelle der alten bürgerlichen Gesellschaft mit ihren Klassen und Klassengegensätzen tritt eine freie Assoziation, worin die freie Entwicklung eines jeden die Bedingung für die freie Entwicklung aller ist." Er selbst spricht in diesem Zusammenhang vom „Reich der Freiheit".

Z Das Reich einer klassenlosen Gesellschaft ist für mich reine Utopie.

R Nicht nur für Sie. Seine Utopie entlarvt den Revolutionär als realitätsfremden Phantasten. Daher neige ich fast dazu, Marx nicht nur einen Heilslehrer, sondern sogar einen Heilsprediger zu nennen. Denn er operiert mit paradiesischen Visionen.

W Wenn Marxens „Reich der Freiheit" realisiert worden wäre – hätte man dann nicht doch von einer Freiheitsrevolution sprechen können?

R Nein. Man kann doch nicht einfach darüber hinwegsehen, was aus der erhofften freien Gesellschaft unter Lenin geworden ist.

W Dann könnten wir uns vielleicht darauf einigen, dass Marx ausschließlich Theoretiker der kommunistischen Revolution blieb, während Lenin unter Anwendung der Devise „wir müssen die Welt verändern" zum politischen Agitator und aktiven Revolutionär wurde.

R Einverstanden: als Theoretiker entwickelte er anfangs politische Programme zur Eroberung der Macht durch eine klassenbewusste kämpferische Elite von Berufsrevolutionären und zur Errichtung der bereits diskutierten „Diktatur des Proletariats".

W Aus der Revolution von unten wird am Ende eine Revolution von oben. Die Bildung einer revolutionären Elite wird Instrument der Revolution, die unter Lenins Führung unmittelbar auf die Zerstörung jeder staatlichen Ordnung zielte.

Z Aus einer proletarischen Revolution wurde eine kommunistische Diktatur.

R Schon zu Lebzeiten Lenins wurden Konzentrations- und Straflager errichtet, politisch Andersdenkende rücksichtslos verfolgt, verhaftet, gefoltert, getötet.

W Unter Stalin wurde der Terror totalitär.

Z Ich habe gelesen, dass in den Jahren des „Großen Terrors" von 1936–1939 etwa 4,4 Millionen Menschen Opfer seines Terrors wurden.

R Aber auch Mao Zedong, dessen als „Mao-Bibel" verkaufte Heilslehre während der Studentenbewegung von 1968 als Zitatenschatz zirkulierte, kann auf terroristische Erfolge verweisen. Die „Säuberungen" innerhalb der „Kulturrevolution" sollen Millionen Menschen das Leben gekostet haben.

Z Der Schreck hat nicht nachgelassen. Zu Beginn Ihres heutigen Gesprächs haben Sie mich mit dem „Hitlergruß" erschreckt.

W Moment: Wir haben nicht etwa den rechten Arm zum „Deutschen Gruß" erhoben – und damit einen Straftatbestand erfüllt -, sondern „Heil Hitler" als philosophische Schocktherapie eingesetzt.

R Als Hitler am 30. Januar 1933 zum Reichskanzler ernannt wurde, war die in der Tat messianische Heilsbotschaft von „Mein Kampf" bereits in 24 Auflagen mit 348.000 Exemplaren auf dem Markt. Am Jahresende waren es mehr als eine Million.

W Im „Schlußwort" von „Mein Kampf", kündigt der Verfasser an, daß ein Staat, der „im Zeitalter der Rassenvergiftung sich der Pflege seiner besten rassischen Elemente widmet", „eines Tages zum Herrn der Erde werden" müsse.

R Die Massen huldigten ihrem Führer in Ritualen wie in einer Religion. Dieser Götzendienst unter dem Hakenkreuz als einem pseudoreligiösen Symbol ist ein sichtbares Zeichen für den Charakter der nationalsozialistischen Revolution als freiheitsfeindliche ideologische Heilslehre.

W Obwohl die Propaganda der Nationalsozialisten sich in extremen Widerspruch zum sowjetischen Bolschewismus setzte, sind Hitler und Stalin dennoch Schreckensbrüder im Ungeist der Vernichtung ihrer Gegner. Hitlers Ziel war es, die Juden in Europa zu vernichten, aber auch – wörtlich – den „Marxismus mit Stumpf und Stiel auszurotten". Lenin schreibt: "Gemeinsames, einheitliches Ziel ist die Säuberung der russischen Erde von allem Ungeziefer."

Z Schon die Sprache verrät die Bereitschaft zur Brutalität totalen Terrors im Namen der jeweiligen Ideologie.

**Fünftes Gespräch: Sokrates
und die Freiheit des Fragens**

R Der erste Philosoph, den wir einen wahren Freiheitsfreund nennen und nun näher vorstellen, musste als Todesstrafe einen Becher voll Gift trinken.

Z Aber doch nicht etwa, weil er Philosoph war?

W Bei Sokrates kann man die Person nicht von der Berufung zum Philosophieren trennen.

Z Er könnte aber wegen anderer Taten verurteilt worden sein, die nichts mit seinem Philosophieren zu tun hatten. Weshalb hat man ihm denn den Prozess gemacht?

W Zwei Anklagen wurden gegen ihn erhoben: Er habe die griechischen Götter verunglimpft und die Jugend Athens verdorben.

R Beide Anklagepunkte haben durchaus etwas mit der Art seines Philosophierens zu tun, jedoch hat Sokrates vor Gericht betont, zu Unrecht angeklagt worden zu sein.

W Ich frage mich aber, weshalb er dann trotzdem das Todesurteil annahm.

R Nach der Verteidigungsschrift seines berühmten Schülers Platon, der Apologie des Sokrates, war das Urteil der 500 Athener Geschworenen ein Fehlurteil.

Z Dass ein Philosoph für seine Zunft eintritt und der Schüler seinen Lehrer verteidigt, ist nicht verwunderlich. Wie kam es überhaupt zu den Anklagen? Üblicherweise sagt man ja: Irgend etwas wird schon dran sein.

W Sokrates war einigen Zeitgenossen verdächtig, weil er die herrschenden Lehren durch kritische Fragen in Zweifel zog. Seine Art des Philosophierens ist durch eine bestimmte Haltung charakterisiert, die wir als „Freiheit des Fragens" würdigen.

R Was die Anklage wegen Gotteslästerung angeht, müssen wir uns in den Geist der Zeit zurückversetzen, das heißt: in das Jahr 399 v. Chr. Die Götter waren im damaligen Griechenland die Garanten der Weltordnung. Wenn Sokrates so frei war, diese Ordnung zu hinterfragen, konnte das als Angriff auf die Götter gewertet werden.

W Und seine Gegner wollten dies so sehen, um ihn verleumden und letztlich aus dem Weg schaffen zu können.

R Damit behauptest du indirekt, dass der Prozess gegen Sokrates politisch motiviert war.

W Für diese Ansicht gibt es gute Gründe. Schließlich war Kritias, einer der Tyrannen, sein Schüler. Es liegt also durchaus nahe, dass dessen Lehrer als geistiger Brandstifter in später Rache unschädlich gemacht werden sollte.

Z Wie steht es mit dem zweiten Anklagepunkt? Könnte auch er ein politisches Motiv gehabt haben?

W Wie wir aus Platons Apologie erfahren, hat Sokrates sich gegen den Vorwurf, Verführer der Jugend zu sein, erfolgreich verteidigt.

R Damit beziehst du dich auf Platons literarische Darstellung. Prozessakten mit Protokollen über die Verteidigungsrede des Sokrates gibt es nicht.

Z Wie kam es zur Behauptung der Jugendverführung?

R Sokrates pflegte seine Gesprächspartner in einen Dialog zu verwickeln, dessen Ausgang immer offen war. Er verführte dazu, Argumenten zu folgen und nicht der Autorität herrschender Meinungen in einer unaufgeklärten Gesellschaft.

W Hat er vielleicht, ohne es zu beabsichtigen, die reichen Jünglinge gegen das Establishment angestachelt?

R Selbstverständlich hat Sokrates sie nicht direkt gegen ihre Väter aufgehetzt. Diese können aber den Eindruck gewonnen haben, ihre Söhne seien von der antiautoritären Art des Fragens fasziniert und in gefährlicher Weise infiziert worden.

W Aber wer wie Sokrates bereit ist, das Gespräch offen zu halten und sogar aporetisch enden zu lassen, verführt zumindest nicht zu einer bestimmten Überzeugung oder gar ideologischen Doktrin.

Z Was bitte bedeutet, das Gespräch „aporetisch enden zu lassen"?

R „Aporetisch" bedeutet „ausweglos". Sokrates hat seine Dialogpartner nicht auf einem von ihm bestimmten Weg an ein von ihm vorgegebenes Ziel des Dialogs geführt. Und am Ende des Weges standen keinen endgültigen Definitionen.

Z Hat dies mit dem berühmt gewordenen Satz „Ich weiß, dass ich nichts weiß" zu tun?

R In gewisser Weise ja. Aber der Satz gibt die sokratische Position nicht korrekt wieder. In der Apologie heißt es wörtlich übersetzt: „dass ich, was ich nicht weiß, auch nicht glaube zu wissen." Was man wissen kann, ist abhängig vom jeweils besprochenen Gegenstand.

W Ich glaube, Sokrates war sich bewusst, dass es kein absolutes Wissen geben kann.

R Damit ist jedoch nicht gesagt, dass er die Möglichkeit, zu wahrer Erkenntnis zu gelangen, prinzipiell ausschließt.

W Da Sokrates aber anders als Platon keine Erkenntnistheorie anstrebt, sondern sein erkennendes Bemühen auf die Sorge um das richtige Leben richtet, gibt es diesbezüglich keine endgültige Antwort.

R Hinter dem sogenannten Nichtwissen verbirgt sich nach meiner Überzeugung mehr als eine bloße Bescheidenheitsgeste. Philosophisch gibt es nämlich einen unmittelbaren Zusammenhang mit dem Modus des dialogischen Philosophierens.

Z Das ist Ihre These. Aber den genauen Zusammenhang müssen Sie mir erst noch erklären.

R Für eine angemessene Erklärung müssen wir den Unterschied zur Position Platons skizzieren. Wahre Erkenntnis im platonischen Sinne gewinnt der Philosoph durch das Erfassen der Ideen, in deren Licht das Wesen der Dinge erkannt wird.

W Sokrates dagegen hatte keine Ideenlehre. Daher könnte er auch gesagt haben: Ich weiß, dass ich die Ideen als wahre Wesenheiten der Dinge nicht erkennen kann.

R Sein Streben nach Erkenntnis bleibt stets innerhalb des Dialoggeschehens. Der Dialog findet seinen Höhepunkt nicht im Erfassen einer Idee als der absoluten Wahrheit. Abschließende Antworten werden erst gar nicht gesucht.

W Willst du damit sagen, seine Erkenntnis sei im Vergleich zu Platons absoluter Wahrheit relativ, um den Gegensatz von Absolutheit und Relativität zu betonen?

R Ich würde nicht von Relativität sprechen, sondern von Relationalität.

Z Sie fürchten also eine Relativierung der von Ihnen so geschätzten dialogischen Wahrheitssuche?

R Mit dem Begriff der Relativität würde man philosophische Einsichten zu bloßen Meinungen herabstufen. Wenn Sokrates das Philosophieren in diesem Sinne relativiert hätte, wäre er ein Vorbote unseres postfaktischen Zeitalters gewesen.

W Aber die sokratischen Dialoge leben doch davon, dass die Dialogpartner ihre jeweiligen Meinungen einbringen.

R Schon, aber sie stehen nicht isoliert nebeneinander, sondern es entwickelt sich ein dynamischer Klärungsprozess, ein eigener Logos des Dialogs, der die subjektive Beliebigkeit überwindet, aber dennoch nicht zu einem absoluten Wissen führt.

W Im inneren Klärungsprozess der Meinungen ist also das Relationale bestimmend, während Platon auf das Absolute zielt, das sich vom Relationalen abkoppelt. Hannah Arendt kritisiert Platons Absolutheitsanspruch als „Tyrannei der Wahrheit".

R Der Untertitel ihrer Vorlesung zu Sokrates lautet: „Apologie der Pluralität", Verteidigung einer Vielfalt der Weltsichten, die der Verschiedenheit der Menschen entspricht.

W Angesichts dieser Einsicht möchte ich den Blick nochmals auf den Anklagepunkt einer Verunglimpfung der Götter lenken. Wenn es Sokrates nur auf einen Austausch von Meinungen angekommen wäre, hätte er auch die allgemeine Ansicht der Athener über die Götter toleriert. Ihm wurde jedoch vorgeworfen, dass er gerade „*die* nicht für Götter halte, welche das athenische Volk dafür halte."

W Damit stellte er sich gegen die gesellschaftliche Konvention und den politischen Konsens.

R Man könnte auch sagen: er machte sich frei von der öffentlichen Meinung und von den Autoritäten des Staates. Sein kritisches Fragen machte vor nichts und niemandem halt.

Z Diese Grundhaltung hat ihn letztlich in einem politischen Prozess das Leben gekostet …

R … obwohl er kein politischer Philosoph war wie Platon und später Aristoteles.

W In der Apologie sagt Platon ausdrücklich, was das zentrale Anliegen des sokratischen Dialogs war, nämlich wörtlich übersetzt: „die Sorge um die Seele, dass sie so gut werde wie möglich".

R Modern gesprochen ging es ihm um eine Existenzweise, durch die der Mensch sein individuelles Wesen in Freiheit verwirklicht und den Sinn seines jeweiligen Daseins erfüllt.

W „Erkenne Dich selbst" – der Leitspruch des Delphischen Orakels – formuliert dabei den entscheidenden Imperativ einer gelingenden Existenz. Hinsichtlich dieser Selbsterkenntnis bedeutet das sokratische Nichtwissen, dass das Selbst letztlich unfassbar ist und sich einer allwissenden und endgültigen Aufklärung entzieht.

R Das Erkennen des Selbst kann verstanden werden als Prozess der Bildung eines guten, moralisch integren Charakters, nicht als Entdeckung der Substanz eines verborgenen Selbst.

W Die Selbsterkenntnis, die zu einem gelingenden Leben gehört, kann man nur in dialogischer Relationalität gewinnen.

Z Das entspricht den Erkenntnissen der modernen Sozialpsychologie: Es sind immer auch die anderen, die uns den Spiegel vorhalten und so Selbsterkenntnis erst ermöglichen.

W Ohne die Pluralität solcher Spiegelungen erliegt man in seinem selbstgebastelten Spiegelkabinett der Täuschung über das eigene Ich.

R Die Frage, wie menschliches Leben in jener Pluralität der Rückspiegelungen gelingt, kann nicht abschließend beantwortet werden. Der Dialog ist aber nach Sokrates die adäquate Art und Weise, darum zu ringen.

W Die Tyrannei der einen Wahrheit, die bestimmt, wie wir zu leben haben, ist im sokratischen Dialog durch das Prinzip des Nichtwissens ausgeschlossen.

R Der unsterbliche Sokrates hat uns mit diesem Prinzip nicht weniger geschenkt als die Freiheit des Philosophierens im Dialog.

Z Ein Geschenk, das bald zweieinhalb Jahrtausende alt ist.

Sechstes Gespräch: Aristoteles und die Gemeinschaft der Freien

Z Heute werden Sie also über Aristoteles reden. Weil Sokrates in den frühen platonischen Dialogen eine besondere Stellung einnimmt, haben Sie ihn ausführlich behandelt, aber Platon selbst wollen Sie überspringen? Das müssen Sie mir erklären.

R Unser Interesse gilt nicht den großen Philosophen als solchen, sondern den „wahren Freunden der Freiheit". Und zu ihnen können wir Platon – anders als Sokrates – nun einmal nicht zählen.

W Der Grund dafür ist die sogenannte Ideenlehre, die Platon in den mittleren und späten Dialogen ausgerechnet seinem Lehrer Sokrates in den Mund legt. Der dort auftretende Sokrates ist nicht mehr der nichtwissende Fragesteller, sondern derjenige, der im Wissen der Ideen um das wahre Wesen der Dinge weiß.

R Nur der philosophisch Geschulte ist folglich in der Lage, die Ideen als Urbilder der empirisch wahrnehmbaren Dinge zu erkennen – etwa die Idee des Guten. Aus ihr leitet sich dann auch die Idee einer gerecht geordneten Polis ab. Für deren Schutz setzt Platon Wächter ein; die Herrschaft über die gesamte Polis überträgt er aber den Philosophen.

Z Das ist die berühmt-berüchtigte Philosophenherrschaft …

W … die nicht nur wir als freiheitsfeindlich beurteilen. Die Kritik an Platons „Politeia" übt schon sein Meisterschüler Aristoteles, der sich dabei auch klar und deutlich gegen die platonische Ideenlehre ausspricht.

R Hannah Arendts Kritik an der platonischen „Tyrannei der Wahrheit", die wir in unserem Sokrates-Dialog diskutiert haben, hat also – wie ihre politische Philosophie insgesamt – aristotelische Wurzeln.

W Das Gute gewinnt auch bei Aristoteles zentrale Bedeutung. Sowohl in der Ethik als auch in der Philosophie der Politik nimmt es eine Leitfunktion ein.

R Aber nicht als Idee. Für Aristoteles ist das oberste Gut, nach dem alle streben, die „eudamonia". Manche übersetzen es mit Glück, andere mit gelingendem Leben. Ein glückendes oder gelingendes Leben wählen wir – so in wörtlicher Übersetzung – „stets um seiner selbst willen und niemals zu einem darüber hinausliegenden Zweck."

W Und dazu ergänzend: „So erweist sich denn die eudaimonia als etwas Vollendetes, für sich allein Genügendes: sie ist das Endziel des uns möglichen Handelns."

Z Wenn Aristoteles von „Ideen" im platonischen Sinne nichts hält, was versteht er dann unter einem „Endziel"?

R Sie sprechen einen sehr wichtigen Punkt an. Aristoteles unterscheidet nämlich zwei Gattungen des Tätigseins: die „praxis" des Handelns und die „poiesis" des Herstellens. Die Handlungszusammenhänge unserer lebensweltlichen „praxis" folgen keiner technischen oder instrumentellen Rationalität. Sie sind, wenn sie gelingen sollen, in sich selbst sinnerfüllt und gerade nicht zweckbestimmt.

W Aristoteles hat dafür das Kunstwort „entelecheia" erfunden – im Gebrauch als Lehnwort: die Entelechie. Ich halte es für einen Geniestreich, dass er die eudaimonia als das entelechiale Ziel allen Handelns ansetzt: sowohl in der Lebenspraxis des Einzelnen als auch in der politischen Praxis der Gemeinschaft.

R Das sehe ich genauso. Das heißt: Politik und Ethik konvergieren im Ziel des gelingenden Lebens innerhalb einer lebendigen Gemeinschaft der Polis. Und weil der Mensch seinen natürlichen Anlagen nach ein „zoon politikon" ist, erfüllt sich Menschsein in einer wohlgeordneten politischen Gemeinschaft.

Z Soweit ich weiß, bedeutet „zoon politikon" soviel wie „staatenbildendes Wesen".

W Gemäß dieser üblichen Übersetzung ist der Mensch auf das Vorhandensein einer staatlichen Gemeinschaft als Grundbedingung für das Gelingen menschlicher Existenz angewiesen.

R Hier ist aber Vorsicht geboten. „Staat" ist ein neuzeitliches Phänomen, weshalb ich vorziehe, die antike Polis original aristotelisch als „politische Gemeinschaft" und den Menschen als „politisches Wesen" zu bezeichnen.

W Als vollkommene menschliche Gemeinschaftsordnung besteht die aristotelische Polis aus mehreren Gemeinschaften: Dienst-, Ehe-, Familien-, Haushalts- und Dorfgemeinschaften, ohne die der Mensch seine entelechial in ihm angelegten Fähigkeiten weder je für sich erlernen noch in Interaktionen mit anderen entfalten könnte.

R Das heißt, die politische Gemeinschaft des Aristoteles ist in sich pluralistisch gestaltet.

Z Das alles klingt sympathisch, setzt aber ein weites Verständnis des Politischen voraus. Und worin besteht denn nun das Gute in dieser politischen Gemeinschaft?

R Zunächst ist „politisch" im engeren Sinne bei Aristoteles die Frage nach der besten Verfassung der Polis. Er nennt sie „politeia" – wie Platon –, bestimmt sie aber völlig anders, nämlich als das abwechselnde Regieren und Regiertwerden unter Freien und Gleichen auf der Grundlage der für alle geltenden Gesetze.

W Die gute, auf eudaimonia angelegte Verfassung der Polis verlangt eine Gemeinschaft freier und in ihrer Freiheit gleicher Menschen, die sich politisch dafür einsetzen, dass es zu keiner unfreien und ungleichen despotischen Herrschaft kommt.

R Hier sollte man allerdings vor der anachronistischen Assoziation auf der Hut sein, an Freiheit und Gleichheit im heutigen Sinne zu denken. Die individuelle Freiheit von Subjekten der Menschenwürde und Trägern subjektiver Freiheits- und Gleichheitsrechte ist eine Erfindung der Neuzeit. Der Philosophie der Antike waren solche Rechte völlig fremd.

W Die aristotelische Freiheit bezieht sich nicht auf persönliche oder private, sondern auf politische oder öffentliche Freiheit, auf die Freiheit im öffentlichen Raum der politischen Gemeinschaft.

Z Wie Sie schon im Prolog beklagt haben, wird die politische Dimension der Freiheit von vielen unserer Zeitgenossen nicht geschätzt.

R Gut, dass Sie darauf hinweisen. Aber auch das Gemeinwohl, für Aristoteles das entscheidende Kriterium für die richtige politische Ordnung, entspricht nicht dem individualistischen Trend der Zeit.

W Regierungsformen, die das Gemeinwohl missachten, gefährden nach Aristoteles die freiheitliche politische Ordnung.

R Die am Gemeinwohl orientierte Regierung eines Einzelnen nennt Aristoteles basileia (Königtum), die despotische Form der Alleinherrschaft tyrannis. Wenn einige gemeinwohlorientiert regieren, bilden sie eine Aristokratie, im gegenteiligen Falle eine Oligarchie. Für die politische Regierungsweise vieler verwendet er den Ausdruck politeia, für die despotische Herrschaft der Menge das Wort demokratia.

Z Aristoteles will also keine Demokratie?

R Nein, denn Demokratie als reine Volksherrschaft bot ihm zufolge keine Garantie für die Freiheit aller, weil sie einseitig am Interesse des einfachen und armen Volkes (demos) orientiert war. Deshalb feiern wir Aristoteles nicht als Altmeister demokratischer, sondern republikanischer Freiheitsphilosophie.

Z Worin sehen Sie den Unterschied?

R Als Verfassungsbegriff ist Demokratie durch Volkssouveränität definiert. Das Grundgesetz bestimmt dies mit dem Satz „Alle Staatsgewalt geht vom Volke aus".

W Die wohlklingende Formulierung einer politischen oder mit dem lateinischen Lehnwort republikanischen Gemeinschaft freier und gleicher Menschen unterschlägt jedoch, dass es sich bei den Regierenden der aristotelischen politeia um eine Elite der Wohlhabenden handelte.

R Deren politische Klugheit jedoch darin bestand, nicht nur einseitig ihre eigenen Interessen zu verfolgen.

W Dann wäre Selbstbeschränkung der Machtmöglichkeiten das Gebot einer im republikanischen Sinne freiheitlichen Ordnung?

R So ist es. Damit diese Ordnung das Gemeinwohl funktionsfähig realisieren kann, ist sie auf Menschen angewiesen, die befähigt sind, ein regierendes Amt auszuüben. Erfahrungsgemäß kommt dafür nicht jeder in Frage.

W Wenn Aristoteles nicht alle am Regieren teilhaben lässt, entspricht dies primär seinem Realitätssinn und Pragmatismus.

R Da es Aristoteles um die bestmögliche Verfassung geht, erhebt er für die Funktionsträger der Polis höchste Ansprüche und verlangt eine besondere politische Tauglichkeit.

W Und das abwechselnde Regieren und Regiertwerden erscheint mir als besondere Freiheitsgarantie.

R Eine Verfassung, die dieses Prinzip garantiert, verhindert die Despotie. Modern ausgedrückt garantiert sie non-domination.

Z Non-Domination ist zwar trendy, aber auf Grund der allgemeinen Politikverdrossenheit setzen sich zu wenige aktiv dafür ein.

R In aristotelischer Tradition setzt die politische, republikanische oder freistaatliche Ordnung einen inneren Zusammenhalt unter jenen Freien und Gleichen voraus, die sich nicht beherrschen lassen möchten, sondern selbst regieren wollen.

W Aristoteles hat diesen Zusammenhalt auf die „philia" zurückgeführt, eine politische Form der Freundschaft, für die wir heute keinen eigenen Begriff mehr haben.

R Das ist nicht verwunderlich, weil die aristotelische politeia auf Nähebeziehungen zwischen den Mitgliedern jener Elite beruhte, die sich für das Gelingen des gemeinsamen Lebens in der Polis einsetzten.

W In den großen Flächenstaaten der Gegenwart ist dieser politische Einsatz buchstäblich demokratisiert worden.

Z Jeder Staatsbürger darf wählen.

R Aber an der immer weiter sinkenden Wahlbeteiligung kann man ablesen, welcher Wert der politischen Gemeinschaft heute beigemessen wird.

W Desinteresse am öffentlichen Leben der politischen Gemeinschaft gefährdet die freistaatliche Ordnung einer Republik. Gerade das Interesse am Gemeinwesen und am Gemeinwohl war für Aristoteles die Voraussetzung für eudaimonia, das heißt für ein gesamtgesellschaftlich gelingendes Leben, das sich nicht im privaten Wohlleben erschöpft.

Siebentes Gespräch: Pico della Mirandola und die Freiheit des Lebensentwurfs

Z Der Autor, dem Sie sich heute widmen, war mir bisher unbekannt.

R Das dürfte nicht nur Ihnen so gehen. Außerhalb eines kleinen Spezialistenkreises zählt er zu den vergessenen Größen der Geistesgeschichte. Als er im Jahre 1486 seine berühmt gewordene lateinische „Oratio de hominis dignitate", „Rede über die Würde des Menschen", verfasste, war er erst 23 Jahre alt.

W Er durfte sie jedoch nicht vortragen, weil der Papst dies verboten hatte.

Z Welchen Grund gibt es dafür? War sie zu kirchenkritisch oder sogar ketzerisch?

R Pico erkühnt sich, neben der biblischen Schöpfungsgeschichte eine eigene Version zu entwerfen, mit der er die Schöpfertätigkeit Gottes in neuem Licht interpretiert.

W Während die Genesis davon spricht, dass Gott den Menschen als Mann und Frau erschaffen hat, wodurch sie in ihrem Wesen bestimmt sind, verfährt Gott in Picos Rede anders. Darf ich Sie bitten, einen Auszug vorzulesen?

Z Sehr gern. Gott spricht zu Adam: *„Wir haben dir keinen festen Wohnsitz gegeben, Adam, kein eigenes Aussehen noch irgendeine besondere Gabe, damit du den Wohnsitz, das Aussehen und die Gaben, die du selbst dir aussiehst, entsprechend deinem Wunsch und Entschluss habest und besitzest. Die Natur der übrigen Geschöpfe ist fest bestimmt und wird innerhalb vorgeschriebener Gesetze begrenzt. Du sollst dir deine ohne jede*

Einschränkung und Enge, nach deinem Ermessen, dem ich dich anvertraut habe, selber bestimmen. Ich habe dich in die Mitte der Welt gestellt, damit du dich von dort aus bequemer umsehen kannst, was es auf der Welt gibt. Weder haben wir dich himmlisch noch irdisch, weder sterblich noch unsterblich geschaffen, damit du wie dein eigener, in Ehre frei entscheidender, schöpferischer Bildhauer dich selbst zu der Gestalt formst, die du bevorzugst. Du kannst zum Niedrigen, zum Tierischen entarten; du kannst aber auch zum Göttlichen wiedergeboren werden, wenn deine Seele es beschließt."

R Im Anschluss daran rühmt Pico Gottvaters „unübertrefflichen Großmut" und preist das Glück des Menschen.

Z Ich vermisse die entscheidenden Begriffe Würde und Freiheit.

W Der Begriff Freiheit wird zwar nicht genannt, aber durch Selbstbestimmung umschrieben: Adam dürfe sich seine Natur – so heißt es ausdrücklich – „selber bestimmen".

R Gottvater schenkt dem Menschen die Möglichkeit, als „schöpferischer Bildhauer" („plastes et fictor") sich selbst zu gestalten. Als Selbstgestaltungsfähigkeit ist das Wesen des Menschen ganz in Entsprechung zu Gott als künstlerischem Schöpfer konzipiert.

W Pico denkt den biblischen Begriff der Ebenbildlichkeit radikal von der Wurzel schöpferisch-künstlerischer Gestaltungsfähigkeit her. Wenn es in der Genesis heißt: „Und Gott schuf den Menschen nach seinem Bilde", dann sind Gott und Mensch im Schöpfertum gleich. Deshalb ist Gottes Geschöpf bei Pico frei, sich selbst zu bestimmen.

R Für die Fähigkeit des Menschen als „plastes et fictor" habe ich den Begriff „Entwurfsvermögen" vorgeschlagen. Darunter ist das spezifisch menschliche Potential zu verstehen, sein Leben planen und eigener Planung oder eben eigenem Entwurf gemäß gestalten zu können.

W In diesem Entwurfsvermögen ist der Mensch generell unbegrenzt. Ich verweise auf die betreffende Stelle: „welch hohes und bewundernswertes Glück des Menschen! Dem gegeben ist zu haben, was er wünscht, zu *sein*, was er will." Lateinisch: „id *esse* quod velit".

R Was der Mensch *will,* kann er werden. Im Entwurfsvermögen liegt ein unermesslicher Reichtum an Entfaltungsmöglichkeiten. Dies wird an der bereits erwähnten Stelle deutlich: „Du sollst dir deine Natur ohne jede Einschränkung und Enge, nach deinem Ermessen […] selber bestimmen".

W Mit dieser Freiheit ist jedoch ein Risiko verbunden, denn es heißt auch: „Du kannst zum Niedrigen, zum Tierischen entarten; du kannst aber auch zum Höheren, zum Göttlichen wiedergeboren werden."

R „Wiedergeburt", französisch „Renaissance". So betrachtet hat Pico nicht nur zeitlich, sondern auch inhaltlich den Grundtext der Renaissance verfasst.

W Man kann es durchaus so sehen. Zwar greift Pico zurück auf einen „Geburtstext" von der Erschaffung des Menschen, aber er konzipiert keine Wiedergeburt der Antike, wie man die Epoche der Renaissance üblicherweise versteht.

R Um den Unterschied zu markieren, könnte man sagen: In der Antike galt der Imperativ: „Werde, der du bist!". Pico setzt den neuen Imperativ: „Werde, der du sein willst!"

Z Entschuldigung! Dies kommt mir vor wie eine Paradieserzählung. „Werde, der du sein willst!" Diese Chance der scheinbar unbegrenzten Möglichkeiten ist doch nur ein amerikanischer

Traum, der für Abermillionen zum Albtraum geworden ist. Erzählen Sie einem syrischen Kind im zerbombten Aleppo oder einer schwangeren Frau in Uganda, sie könnten werden, was sie wollen, wenn sie es nur wollen.

W Sie brauchen sich in keiner Weise zu entschuldigen. Ihre Einwände sind mehr als berechtigt und ihre Beispiele mehr als bedrückend. Zunächst ist jedoch zu berücksichtigen, dass Pico eine literarische Utopie entwirft, so wie schließlich auch die Rede von der Ebenbildlichkeit utopischen Charakter hat.

R Außerdem ist mit Adam kein Individuum gemeint, sondern er vertritt die Gattung Mensch. Und nur in dieser Gattungszugehörigkeit setzt Pico Menschsein mit Freisein gleich. Begrifflich sollte das gattungsmäßige Entwurfs*vermögen* daher von der individuellen Entwurfs*kompetenz* sauber unterschieden werden.

Z Das werden Sie erklären müssen!

W Vor deiner Erklärung will ich noch kurz eine für die heutige Zeit typische Einstellung ansprechen: Wer sagt „So bin ich halt. Und daran kann ich nichts ändern", leugnet seine Freiheit und schiebt die Verantwortung auf so etwas wie sein So-Geschaffen-Sein, für das er angeblich nichts kann. Die meisten Lebenssituationen sind jedoch reich an Perspektiven. Sie müssen aber erschlossen werden. Das Entwurfsvermögen ist die Quelle zu neuen Entwürfen ...

R ... vermittelt über eine Entwurfskompetenz, die individuell erworben werden muss. Wie dieser Erwerb geschieht und unter welchen Umständen er besser oder weniger gut gelingt, wäre ein Thema für sich. Im generellen Entwurfsvermögen sind alle Menschen gleich, in der individuellen Entwurfskompetenz jedoch sehr verschieden.

W Die Verantwortung für unser Leben liegt bei uns, auch wenn es die Neigung gibt, anderen oder den Umständen die Schuld zu geben.

R In der Oratio heißt es, der Mensch könne entsprechend seinem Wunsch und seiner Entscheidung der sein, der er sein wolle. Formal gesehen umschließt der Freiheitsbegriff Picos außer der Entwurfsfähigkeit also auch die Willensfreiheit.

W Er schließt sogar die Wahlfreiheit ein. Wir finden diesen Ansatz in der Formulierung, Gott habe dem Menschen „liberam optionem" gegeben, also wörtlich die „freie Wahl".

R Das bedeutet, Picos Freiheitsbegriff umfasst drei Momente: Entwurfsvermögen, Willensfreiheit und Wahlfreiheit.

Z Damit ist der Freiheitsbegriff für mich geklärt. Von Würde haben Sie jedoch noch nicht gesprochen.

R Der Titel: „Oratio de hominis dignitate", stammt nicht von Pico selbst, sondern vom ersten Herausgeber der Rede. Pico hatte sie nur schlicht mit „Oratio" bezeichnet. Der Herausgeber hat aber das Wesentliche der Rede erkannt. Es macht die besondere Würde des Menschen aus, dass er sich selbst bestimmen kann. Aufgrund dieser Fähigkeit zur Selbstbestimmung oder Selbstgestaltung seines Lebensentwurfs ist er frei.

Z Wenn ich an Ihren Dialog über die Sündenprediger zurückdenke, erscheint mir Pico als Utopist. Denn die Sündenprediger zeichnen ein ganz anderes Bild vom Menschen. Wie ist dieser Unterschied erklärbar?

W Es gibt nicht nur eine, sondern zwei Schöpfungserzählungen. Der erste, zeitlich später entstandene Text spricht von der Ebenbildlichkeit des Menschen. „Gott schuf den Menschen nach seinem Bilde." Die zweite Erzählung lässt Adam sündigen.

Zwischen beiden Schöpfungsgeschichten liegen mehrere Jahrhunderte. Der Utopist Pico bezieht sich auf die großartige Idee von der Ebenbildlichkeit. Die Sündenprediger hingegen schließen sich der Erzählung vom Sündenfall an.

R Im Grunde hatte Pico keine ketzerische Rede halten wollen. Es war sein schöpferischer Geist, der sich philosophisch von der Ebenbildlichkeit inspirieren ließ.

W Sofern man beide Bibelstellen als schöpferische Erzählungen begreift, denen später besondere Bedeutung zugesprochen wurde, kann Picos Version als eine ebenbürtige Schöpfungsgeschichte verstanden werden.

R Pico hat einen Horizont eröffnet, in dessen Umkreis wir uns noch immer bewegen. Jakob Burckhardt nannte die Rede deshalb mit gutem Grund eines der „edelsten Vermächtnisse" der Renaissance.

W Das Freiheitskonzept des Existenzialisten Jean-Paul Sartre findet bei Pico reichlich Nahrung. Wir werden in unserem Gespräch über die Freiheit der Existenz darauf eingehen.

R Aber auch für Juristen ist Pico bedeutsam. Die großen Grundgesetz-Kommentare verweisen bei der Betrachtung des ideengeschichtlichen Hintergrunds des ersten Verfassungssatzes – „Die Würde des Menschen ist unantastbar" – auf die „Oratio de hominis dignitate".

Z Dann hat das junge Genie ja Unglaubliches geleistet, selbst wenn die Rede nicht gehalten werden durfte.

Achtes Gespräch: Descartes und die Freiheit des Zweifelns

Z Die „Freiheit des Zweifelns" erinnert mich an die „Freiheit des Fragens" in Ihrem Gespräch über Sokrates..

R Der Eindruck ist durchaus berechtigt. Sokrates haben wir als Stammvater alteuropäischen Philosophierens kennengelernt. Descartes werden wir als Begründer neuzeitlichen Denkens vorstellen.

Z Dann werden Sie den Unterschied zwischen Fragen und Zweifeln erklären.

R So ist es. Während Sokrates die sicher geglaubten Meinungen seiner Gesprächspartner hinterfragte, geht es bei Descartes um den prinzipiellen Zweifel an sicher geglaubten Grundlagen des Wissens.

W Seine „Meditationen über die Erste Philosophie" zielen – wie er selbst sagt – auf eine „Untergrabung der Fundamente" und der „Prinzipien, auf die alles sich stützte, was ich früher für wahr hielt."

R Sokrates' Hinterfragen war stets bezogen auf lebensweltliche Phänomene wie Tapferkeit, Freundschaft oder Gerechtigkeit, der erkenntnistheoretische Zweifel bei Descartes hingegen ist radikal.

W Während Sokrates fragte, wie menschliches Leben gelingen kann, fragte Descartes, wie der Mensch zu sicheren Erkenntnissen gelangt. Der Zweifel hat bei ihm methodischen Charakter.

Z Wie ist das zu verstehen?

R Der Zweifel hat dienende Funktion. Er soll schrittweise zu Erkenntnissen führen, die nicht mehr weiter bezweifelt werden können. Es geht ihm also nicht darum, alles umzustürzen, sondern darum, nach dem Umsturz ein sicheres System aufzubauen.

W Sokrates wollte im dialogischen Verfahren die Irrtümer seiner Gesprächspartner aufdecken, Descartes hingegen zieht sich in die Einsamkeit zurück und führt eine Art monologisches Gespräch.

R Sokrates im lebendigen Dialog im Zentrum Athens, Descartes der einsame Denker in Holland. Welch ein Unterschied!

Z Ich denke, Descartes war Franzose?

R Das schon, aber er fürchtete ein ähnliches Schicksal wie sein italienischer Zeitgenosse Galilei. Weil auch im katholischen Frankreich die Inquisition herrschte, wählte er das holländische Exil.

Z Dann wollte Descartes wohl auch nicht das Schicksal eines Sokrates erleiden. Aber gibt es denn überhaupt eine Erkenntnis, die nicht wiederum bezweifelt werden kann?

W Eine sehr gute Frage! Unser Zweifler stellt alles in Frage und nimmt daher an, alles, was ihm wirklich erscheint, wären nur Täuschungen. Deshalb macht er die Annahme (wörtlich): „es gebe gar nichts in der Welt, keinen Himmel, keine Erde, keine Geister, keine Körper."

R Was bleibt dann noch übrig? Ist alles Nichts?

W Nein. Das alles bezweifelnde Ich kann nicht getilgt werden. Es übersteht alle Zweifel. Oder anders formuliert: Ich kann nicht bezweifeln, dass ich zweifle. Das zweifelnde Ich bleibt übrig. Ich zweifle, also bin ich.

R Lautet nicht die berühmte Formel: „Cogito ergo sum. Ich denke also bin ich."? Du ersetzt „denken" durch „zweifeln".

W Zunächst: Zweifeln ist eine Weise des Denkens. In der zweiten Meditation formuliert Descartes überraschend anders: „Mag ein böser Geist mich nun täuschen, soviel er kann, so wird er doch nie bewirken können, dass ich nicht sei, solange ich denke, ich sei etwas. Nachdem ich so alles genug und übergenug erwogen habe, muss ich schließlich festhalten, dass der Satz »Ich bin, ich existiere«, sooft ich ihn ausspreche oder im Geist auffasse, notwendig wahr sei."

R Descartes vermeidet hier offensichtlich bewusst die frühere Formel „Cogito ergo sum" Was könnte ihn dazu bewogen haben?

W Das „ergo" (auf deutsch so viel wie „also", oder „folglich") könnte man als logische Schlussfolgerung verstehen. Für Descartes bilden jedoch Existieren und Denken eine Einheit.

R In dieser Einheit scheint das Ich jedoch nicht vorzukommen. Der für Descartes notwendig wahre Satz: „Ich bin, ich existiere" stellt das Ich nicht in den Mittelpunkt.

W Auf die Frage, „was bin ich denn nun?", antwortet er: „ genau genommen lediglich ein denkendes Ding. Was ist das? Ein Ding, das zweifelt, einsieht, bejaht, verneint, will, nicht will, das auch bildlich vorstellt und empfindet." Zitatende.

R Dann verfügt das denkende Ich über Fähigkeiten, die über das Denken im engeren Sinne hinausgehen, und das denkende Ding hätte sie nicht, wenn es nicht existierte. Daher ist die Existenz des denkenden Dings für Descartes die erste sichere Erkenntnis, die nicht bezweifelt werden kann.

W Die Mächtigkeit dieser Erkenntnis übertrifft alle anderen Erkenntnisformen wie beispielsweise „ich erkenne dich nicht auf diesem Bild". Eine Erkenntnis von dieser Wucht nennt Descartes Evidenz. Sie unterscheidet sich fundamental von Erkenntnissen, die durch logische Schlussfolgerungen gewonnen werden.

R Eine Evidenz ist unmittelbar einleuchtend und von frappierender Klarheit. Man könnte sie eine Ursprungserkenntnis nennen; sie begründet die „prima philosophia".

Z Das kann ich nachvollziehen. Aber worin liegt der Freiheitsbezug der cartesischen Evidenz?

W Er geht aus seinem Resümee in der zweiten Meditation hervor: „Der Geist macht von der ihm eigenen Freiheit Gebrauch". Das Denken hat seine Selbständigkeit oder mit Kants Begriff seine Autonomie gegenüber dem Welthaften erschlossen. Die Freiheit besteht im Vorrang des Denkens vor der Wirklichkeit.

R Ich erinnere daran, dass Descartes das denkende Ding „res cogitans" nennt und es von der „res extensa" unterscheidet, dem, was wir als äußere Wirklichkeit bezeichnen. Freiheit ist somit eine Sache des Denkens.

Z Darf ich um eine konkretere Erklärung bitten?!

R „Extensa" heißt wörtlich „ausgedehnt". Zur „res extensa" gehören alle körperlichen Dinge, die wegen ihrer Körperlichkeit durch Ausdehnung bestimmt sind. Sie sind räumlich und nehmen zugleich eine bestimmte Stelle im Raum ein. Wegen dieser Eigenschaften sind sie messbar.

W Durch die Unterscheidung res cogitans und res extensa begründet Descartes jenen neuzeitlichen Dualismus von Geist und Körper, Idee und Wirklichkeit, Rationalität und Realität, der unser Denken bis heute bestimmt.

R Ich will den Freiheitsaspekt noch weiter erläutern. Während bis zu Descartes Wahrheit als „adaequatio intellectus ad rem" definiert wurde, als „Angleichung des Verstandes an die Dinge", kehrt er die Verhältnisse um. Nun müssen sich die Objekte der Außenwelt nach dem Verstand richten.

Z Ich hoffe, dies meint keine diktatorische Rationalität des Verstandes.

W Keine Diktatur, sondern ein Leitkriterium der Erkenntnis. Die cartesische Erkenntnis zielt nicht auf Abbildung der Welt, sondern auf ihre Konstruktion durch das Denken. Descartes hat die Welt in zwei Hälften zerrissen. Diesen Riss versteht er jedoch nicht als Mangel, sondern als Signum der Freiheit des Geistes. Descartes initiiert den Grund-Riss unserer Wirklichkeit.

R Halten wir zunächst fest, dass mit dem cartesischen „Grund-Riss" eine konstruktive Methode rationaler Erkenntnis – mit dem üblichen Etikett: des Rationalismus – verbunden ist und kein destruktiver Dualismus.

W In der Fortsetzung des cartesischen Ansatzes wird dann die Subjekt-Objekt-Spaltung kennzeichnend für den modernen Subjektivismus. Wenn man so will, geht der Subjektivismus auf Descartes zurück.

Z Für mich hört sich das nicht wirklich neu an.

W Das glaube ich gern, weil Descartes unsere moderne Art zu denken so grundsätzlich geprägt hat, dass wir sie für selbstverständlich halten.

R Der philosophische Subjektivismus darf jedoch nicht mit dem individuellen Subjektivismus verwechselt werden, der schlicht davon ausgeht, dass jeder seine subjektiven Vorstellungen von der Welt hat.

W Subjektivismus im philosophischen Sinne meint, dass sich das erkennende Ich zum Subjekt der Wahrheit macht und der Verstand ein wirklichkeitbegründendes Prinzip wird. Diese später von Kant systematisch ausgearbeitete Vorstellung ist schon bei Descartes präsent, wenn er davon spricht, „dass der menschliche Geist ein Wissen besitzt".

R Er verweist darauf, dass im Verstand ein evidentes Wissen liegt, das dieser von sich aus generieren kann, ein Wissen, das nicht „von außen" kommt, sondern durch die Selbsterkenntnis des Denkens erschlossen werden kann.

W Was sein Zeitgenosse Galilei für die Astronomie geleistet hat, leistet Descartes auf dem Gebiet der Philosophie. Nicht, was wir so alltäglich wahrnehmen, kann als Erkenntnis gefasst werden, sondern nur, was wir zuvor im Geiste entworfen haben und dann empirisch bestätigen können.

R Mit Descartes beginnt eine neue Epoche des Denkens. Von ihr sagt Martin Heidegger, „der Anspruch des Menschen auf einen von ihm selbst gefundenen und gesicherten Grund der Wahrheit" entspringe jener „Befreiung", „in der er sich aus der erstrangigen Verbindlichkeit der biblisch-christlichen Offenbarungswahrheit und der Kirchenlehre loslöst."

W Aufgrund dieser Leistung sehen wir in Descartes nicht nur einen wirkungsmächtigen Erkenntnistheoretiker, sondern einen veritablen Freund der Freiheit, einer Freiheit, die durch das Zweifeln gewonnen wurde.

R Diese Freiheit wurde zum Ursprung eines Paradigmenwechsels, einer Revolution des wissenschaftlichen Weltbildes. Nach ihr hatte es das neuzeitliche Denken mit einer anderen, nämlich pluralistischen Welt und einer ihr entsprechenden Wirklichkeit zu tun.

W Von der Idee einer einheitlichen Wirklichkeitsinterpretation werden wir uns wohl für immer verabschieden müssen. Dieser Abschied darf jedoch nicht bedauert, sondern sollte auch deshalb begrüßt werden, weil damit alle Absolutheitsansprüche obsolet geworden sind.

Z Dann ist es mit der Tyrannei der einen Wahrheit vorbei. Und das ist gut so.

Neuntes Gespräch: Rousseau und die geliebte Freiheit

Z Rousseau haben Sie bereits im Prolog zitiert, und zwar im Zusammenhang mit den Freiheitsgefahren: „Der Mensch ist frei geboren, und überall liegt er in Ketten".

R Seine Diagnose gilt noch heute – auch wenn die Ketten in den Ländern unserer Welt von ganz unterschiedlicher Art sind. Prinzipiell werden solche Ketten aber erst angesichts der angeborenen Freiheit zum Skandal.

Z Wie kommt Rousseau zu seiner Behauptung, der Mensch sei frei geboren?

R Im Zusammenhang eines Aufsatzes, in dem er die Frage beantwortet: „Was ist der Ursprung der Ungleichheit unter den Menschen?"

W Mit dieser Frage wird die Ungleichheit erst einmal zu einem Faktum erklärt. Rein logisch ergibt sich daraus, dass manche frei sind, andere jedoch in Ketten leben.

R Durch die Frage nach der Entstehung der Ungleichheit ist für Rousseau ausgeschlossen, dass Ungleichheit etwas Natürliches oder gar Gottgewolltes ist. Der faktischen Ungleichheit geht folglich ein anderer Zustand voraus.

W Den Rousseau besser zu kennen behauptet als die Sündenprediger mit ihrer Erzählung vom verlorenen Paradies?

R „Kennen" ist das falsche Wort. Erstens vermittelt die Paradieserzählung für Rousseau keine Kenntnis, sondern einen Mythos und zweitens geht es ihm um eine philosophische Rekonstruktion des Urzustands. Sein Ansatz ist nicht der Mensch, wie

Gott ihn geschaffen, sondern wie die Natur ihn hervorgebracht hat.

W Dieses Konzept entwickelt aber doch erst Darwin.

R Rousseaus Ansatz ist nicht evolutionsbiologisch. In unserem Gespräch können wir nur das Ergebnis seiner Untersuchung darstellen. Im Naturzustand war der Mensch frei; er hat seine natürliche Freiheit jedoch im zivilisierten Zustand verloren und muss sie durch eine vertragliche Vereinbarung wieder zurückgewinnen.

W Rousseau verzichtet also auf revolutionäre Gewalt, um den ursprünglichen Zustand der Freiheit wiederherzustellen?

R Ja. Das Revolutionäre liegt in seinem Konzept.

Z „Zurück zum Naturzustand der Freiheit" wäre folglich der eigentliche Sinn der Formel: „Zurück zur Natur"?

R Das könnte man so sagen. Allerdings stammt das Motto nicht von Rousseau, sondern ist Folge einer Schmähkritik durch seine Gegner.

W Der Naturzustand, wie Rousseau ihn kennzeichnet, ist also nicht historisch zu verstehen, sondern als Gegenkonzept zu bisherigen Modellen.

Z Wieso hat der Mensch den Urzustand aufgegeben?

R Rousseau macht natürliche Ursachen dafür verantwortlich: klimatische Veränderungen, Naturkatastrophen und ähnliches. Sie zwingen die Menschen, diese Herausforderungen gemeinschaftlich zu bewältigen. Dadurch entsteht der Zustand der Zivilisation oder kürzer der Kulturzustand.

Z Der Sündenfall spielt also keine Rolle.

R Nein. Aber der Naturzustand ist für den Contrat Social von 1762 grundlegend. In der Einleitung schreibt Rousseau: „Finde eine Form des Zusammenschlusses, die mit ihrer ganzen gemeinsamen Kraft die Person und das Vermögen jedes einzelnen Mitglieds verteidigt und schützt" und – jetzt kommt der freiheitsphilososophisch entscheidende Zusatz, dessen Zitat ich Wolfgang überlasse –

W „durch die doch jeder, indem er sich mit allen vereinigt, nur sich selbst gehorcht und genauso frei bleibt wie zuvor." „*Zuvor*" heißt: wie im Naturzustand. Wenn Rousseau Freiheit zu einem Wesensmerkmal der menschlichen Natur erklärt, unterscheidet er sich von Aristoteles. Dieser bestimmte den Menschen als vernunftbegabtes politisches Wesen und damit wesentlich als gemeinschaftsbezogen.

R Die Vernunft und der Sinn für Gemeinschaft entwickeln sich nach Rousseau erst im Kulturzustand. Zu den ursprünglichen Naturanlagen gehören das Streben nach persönlichem „Wohlergehen" und eigener „Erhaltung".

W Ich fasse zusammen: Der Mensch ist ursprünglich ein Wesen, das Freiheit hat und Freiheit will. Genau dieser Freiheits*wille* wird dann die Basis für Rousseaus Contrat Social.

R Der politische Wille zur Freiheit resultiert jedoch aus einer Freiheitsliebe, die kein Philosoph so leidenschaftlich zum Thema gemacht hat wie Rousseau.

Z Daher wohl auch der Titel: „Rousseau und die geliebte Freiheit". Wie äußert sich diese Freiheitsliebe nun konkret in seiner philosophischen Konzeption des Gesellschaftsvertrags?

R Rousseau will eine grundsätzliche Vereinbarung für jene einzig legitime Herrschaft zugrundelegen, die politische Freiheit garantiert. Die „wahre Grundlage" der politischen Gemeinschaft erblickt er in einem Akt, „durch welchen ein Volk zum Volk wird".

Z Wann hat dieser Akt stattgefunden?

R Es handelt sich um einen fingierten Akt …

W … der dem fingierten Naturzustand entspricht. Wir bleiben also auf der Ebene der Fiktion?

R Sagen wir besser: auf der Ebene der philosophischen Konzeption. Rousseau beschreibt ja kein Faktum, sondern formuliert eine denknotwendige Bedingung für die Entstehung der politischen Einheit von Menschen, die ihre ursprüngliche Freiheit nicht verlieren, sondern erhalten wollen. Zitat: „Gemeinsam stellen wir alle, jeder von uns seine Person und seine ganze Kraft unter die oberste Richtschnur der volonté générale."

W In dieser Formulierung ist der provokative Ausdruck einer Unterwerfung unter die „volonté générale" als „aliénation totale" nicht enthalten.

Z Diesen Ausdruck müssen Sie erläutern.

R Üblicherweise wird die betreffende Passage wie folgt übersetzt: die „aliénation totale" verlange „die völlige Entäußerung jedes Mitglieds mit allen seinen Rechten an das Gemeinwesen als Ganzes."

W Manche Interpreten verstehen die „Entäußerung" so, dass der Einzelne in der Gemeinschaft aufgeht oder sich in ihr auflöst, etwa in der Weise: Ich bin nichts, mein Volk ist alles.

R Dies ist jedoch barer Unsinn, denn Rousseau mahnt: „Auf seine Freiheit verzichten, heißt auf seine Eigenschaft als Mensch verzichten". Rousseau nimmt dem Einzelnen nichts, ohne ihm etwas zu geben. Es ist gerade umgekehrt: Der Gewinn an staatlich garantierter Freiheit ist höher als der Verzicht auf die ungesicherte Freiheit des Naturzustands.

W Das heißt demnach: Im Akt der „aliénation" überträgt der Einzelne seine natürliche Freiheit an die Gemeinschaft, um zusammen mit allen anderen Vertragspartnern die politische Freiheit zurückzuerhalten: die Freiheit eines Volkes, dessen staatliche Einheit allein darauf beruht, gemeinsam frei sein zu wollen.

Z So viel Einigkeit wäre wohl faktisch unerreichbar, weil manche nicht auf ihre Privilegien verzichten wollen.

R Deshalb sprechen wir von einem fingierten Vertragsschluss. Der damit entstehende Kollektivkörper des politischen Verbandes gewinnt durch den gemeinsamen Freiheitswillen der volonté générale seine ureigene Identität als republikanische oder freistaatliche Einheit.

W Ich zitiere: „Dieser Akt des Zusammenschlusses schafft augenblicklich anstelle der Einzelperson jedes Vertragspartners eine sittliche Körperschaft, [...] die durch ebendiesen Akt ihre Einheit, ihr gemeinschaftliches Ich, ihr Leben und ihren Willen erhält."

R Wie um vorzubeugen, dass man sein Verständnis von „aliénation" nicht falsch deutet, unterstreicht er den positiven Ertrag einer „Übertragung" (transformation) des Ich in die Allgemeinheit, durch die der Citoyen seine Grundposition verbessert: Für die ursprüngliche Unabhängigkeit erhält er seine politische Freiheit.

W Aber vergessen wir bei aller Zustimmung nicht den Satz, der Rousseau in den Verdacht des Totalitarismus gebracht hat. Er lautet: „Damit nun aber der Gesellschaftsvertrag keine Leerformel sei, schließt er stillschweigend jene Übereinkunft ein, die allein die anderen ermächtigt, dass, wer immer sich weigert, der volonté générale zu folgen, von der gesamten Körperschaft dazu *gezwungen* wird, was nichts anderes heißt, als dass man ihn zwingt, frei zu sein."

Z Das klingt tatsächlich totalitär. Niemand darf mich zwingen, auch nicht zu meiner Freiheit.

R Der Freiheitswille der volonté générale trägt den Akt der politischen Einheitsbildung aber nur dann, wenn er ausnahmslos von allen mitgetragen wird. Eine einzelne Ausnahme oder ein einziger Vorbehalt ließe das philosophische Kunstwerk einer von allen gewollten Freiheitsordnung in sich zusammenbrechen.

W Die Freiheit wird in der metaphorischen Figur der volonté générale nur dann „generell", gemeinsam oder allgemein gewollt, wenn sie als Freiheit aller von allen geliebt wird.

R So ist es. Und weil man Liebe nicht erzwingen kann, erreicht Rousseau in der erläuterten Konstruktion des staatsgründenden Vertrags das freiheitsphilosophisch notwendige Ziel der Einstimmigkeit nur durch den fingierten Zwang zum Vertragsschluss.

Z Wenn die volonté générale Metapher für den fingierten einstimmigen politischen Freiheitswillen ist, entfällt mein Einwand gegen diese Art von Zwang.

Zehntes Gespräch: Kant und die gedachte Freiheit

Z Nach der „geliebten Freiheit" Rousseaus soll es also nun um die „gedachte Freiheit" Kants gehen. Ich nehme an, „gedacht" bedeutet nicht schlicht und einfach „ausgedacht".

R Kant denkt Freiheit im Anschluss an Rousseau nicht weniger anspruchsvoll als dieser. Er entwickelt seine Freiheitskonzeption in zwei verschiedenen Werken. In der „Kritik der reinen Vernunft", dem Hauptwerk seiner theoretischen Philosophie, versucht er, Freiheit erkenntnistheoretisch zu erfassen.

W Dagegen konzipiert er Freiheit in der „Kritik der praktischen Vernunft" als notwendige Voraussetzung für moralisches Handeln.

Z Konzipiert ist ein anderes Wort für gedacht?

R Bitte keine voreiligen Verdächtigungen. Kant ist beeindruckt von Erkenntnissen der Naturforscher, namentlich eines Isaak Newton. Während dieser die Gesetze der Natur offenlegt, will Kant auf dem Gebiet des Denkens Entsprechendes leisten. Die Grundregel der Naturerkenntnis ist Kausalität; sie beschreibt das Verhältnis von Ursache und Wirkung.

W Selbstverständlich unterliegt der Mensch in seiner Natur den Naturgesetzen – und somit der Kausalität. Für Kant stellt sich aber die Frage, ob der Mensch ausnahmslos durch Kausalität bestimmt ist. Sollte dies der Fall sein, gäbe es keine Freiheit.

R Wenn das Kausalitätsgesetz uneingeschränkte Geltung beanspruchen könnte, müssten alle Erscheinungen in der Welt dadurch erklärbar sein. Dies bestreitet Kant, denn dann müssten alle Handlungen und selbst alle Denkprozesse des Menschen durch Naturgesetze erklärt werden können – was er für evident unzutreffend hält.

W Freiheit bedeutet in diesem Sinne Unabhängigkeit von Naturgesetzen. Kants These, die ich wörtlich zitiere, lautet: „Die Kausalität nach Gesetzen der Natur ist nicht die einzige, aus welcher die Erscheinungen der Welt insgesamt abgeleitet werden können. Es ist noch eine *Kausalität durch Freiheit* zur Erklärung derselben anzunehmen notwendig."

Z Die Formulierung „Kausalität durch Freiheit" erscheint mir widersprüchlich. Soweit ich bisher folgen konnte, stellt Kant die Freiheit der Kausalität doch genau entgegen.

R So ist es. In der Tat ist sein theoretischer Freiheitsbegriff in Entgegensetzung zur Kausalität konzipiert und nur durch deren Negation definiert, womit noch kein positiver Freiheitsbegriff gewonnen ist.

W Diesen positiven Begriff der Freiheit gewinnt er in der „Kritik der praktischen Vernunft".

Z Freiheit in einen negativen und positiven Begriff zu unterscheiden, leuchtet mir nicht ohne weiteres ein.

R Kausalität und Freiheit sind gleichermaßen Schöpfungen des menschlichen Denkvermögens. Das bedeutet aber keineswegs, dass Freiheit nur ein theoretisches Konstrukt ohne jede praktische Wirkung ist und insoweit lediglich ein *leeres* Gedankending darstellt.

Z Aber doch *bloß* ein Gedankending?

W Dass Freiheit kein bloßes Gedankending ist, versucht Kant in seiner „Kritik der praktischen Vernunft" darzulegen, denn auf der praktischen Ebene, im Bereich des moralischen Handelns, könne Freiheit „durch Erfahrung bewiesen werden". In dieser Hinsicht ist die „gedachte Freiheit" nicht als „bloß gedachte" Freiheit zu verstehen.

R Kant begreift den Menschen als Sinneswesen und als Verstandes- beziehungsweise Vernunftwesen. Die angeborenen Triebe zwingen dem Menschen einen naturgesetzlich gesteuerten quasi unfreien Willen auf, wenn er sich nicht vernunftgemäß dagegenstellt.

W Der Mensch erfährt sich jedoch nicht völlig triebgesteuert. Durch Verstand und Vernunft kann er seine natürlichen Neigungen kontrollieren und sich von ihnen frei machen. Dieses Vermögen nennt Kant „freie Willkür".

R Ich will dies an einem Beispiel verdeutlichen: Obwohl der menschliche Überlebenswille zu den mächtigsten naturgegebenen Willenskräften zählen dürfte, können Menschen sich freiwillig zu Tode hungern. Auch die Überwindung von Süchten jeglicher Art, die den Sinnen-Menschen beherrschen, dürfte ein überzeugender Beweis für den freien Willen sein.

W Die freie Willkür ist jedoch nicht regellos und willkürlich im Sinne beliebigen Tuns oder Unterlassens, sondern die Vernunft als Instanz der Freiheit verfügt über eigene Gesetze, die Kant den Gesetzen der Natur gegenüberstellt. Der Sinn der Freiheit erfüllt sich für Kant im moralischen oder sittlichen Handeln.

Z Warum Freiheit ausgerechnet in Moralität oder Sittlichkeit enden soll, erscheint mir konstruiert und nicht plausibel.

W Um ihn gegen den Vorwurf zu verteidigen, er habe Freiheit in gewollter Manier auf Moralität hinausgedacht, muss man berücksichtigen, dass Kant zugleich in umgekehrter Richtung denkt. Er geht von der Erfahrung aus, dass der Mensch danach fragt, was er tun soll. Im Sollen spürt er einen Anspruch, der von der Vernunft an ihn ergeht.

R Sollen ist etwas anderes als bloßes Wollen. Im bloßen Wollen drücken sich lediglich die natürlichen Neigungen aus. Wenn der Mensch jedoch soll, kommt dieser Anspruch nicht von der Natur, sondern von der Vernunft.

Z Soweit bin ich einverstanden, aber warum Kant die Vernunft mit einer Gesetzhaftigkeit ausstattet, um dem Naturgesetz ein vergleichbares Gesetz gegenüberstellen zu können, kann ich weiterhin nicht nachvollziehen.

R Nähern wir uns diesem Gesetzes-Zusammenhang Schritt für Schritt. Das Gesetz, das die praktische Vernunft in sich entdeckt, ist ein Sittengesetz, das nicht etwa von Religion oder Gesellschaft gefordert wird, sondern das die Vernunft sich selbst gibt. Praktische Vernunft, Sittengesetz und Freiheit stehen für Kant in einem philosophischen Verweisungszusammenhang zueinander.

W Sittliches oder moralisches Handeln setzt Freiheit voraus. Und diese praktische Freiheit ist für Kant durch Erfahrung, also positiv zu bestätigen. Das Sittengesetz ist ihm als Moralgesetz derart evident, dass er sogar von einem „Faktum der Vernunft" spricht.

R Darauf brauchen wir aber nicht näher einzugehen. Wenn die Vernunft sich das Sittengesetz selbst gibt, gewinnt der Mensch, der ihm entspricht, Autonomie, obwohl er sich diesem Gesetz in Freiheit unterwirft.

Z Das verstehe ich nicht: Freiheit einerseits und Unterwerfung andererseits – ist dies nicht erneut widersprüchlich?

R Was wie ein Widerspruch erscheint, ist im System Kants schlüssig. Indem die Vernunft sich ein Gesetz gibt, dem sie folgt, handelt sie selbstbestimmt und nicht fremdbestimmt, autonom und nicht heteronom.

Z Dies klingt nach einer Utopie der Vernunft. Wer hört denn heute noch auf die Vernunft? Die globalisierte Unvernunft ist doch überall auf der Welt vorherrschend.

R Zugegeben, das Bewusstsein eines sittlichen Gebotes: Du sollst! war für den moralisch hochgebildeten Philosophen eine Selbstverständlichkeit. Kant dachte groß vom Menschen. Daran sollten wir Maß nehmen.

Z Schon wieder sollen. Damit locken Sie niemanden ins Land der Freiheit.

W Das sehen Sie zu schwarz. Lassen Sie mich deshalb noch kurz auf den berühmt gewordenen Aufsatz Kants mit dem Titel: Was ist Aufklärung? zu sprechen kommen. Er verweist nämlich hier auf eine politische Dimension des Verstandes als Instanz der Freiheit.

R Man darf gespannt sein.

W Gleich im ersten Satz liefert Kant eine Definition: „Aufklärung ist der Ausgang des Menschen aus seiner selbstverschuldeten Unmündigkeit. ... Selbstverschuldet ist diese Unmündigkeit, wenn die Ursache derselben nicht am Mangel des Verstandes, sondern der Entschließung und des Mutes liegt, sich seiner ohne Leitung eines anderen zu bedienen. Sapere aude! Habe Mut, dich deines eignen Verstandes zu bedienen! ist also der Wahlspruch der Aufklärung."

R Warum hast Du fast den gesamten Anfang zitiert?

W Weil man strenggenommen auf kein Wort verzichten kann und weil Kant von der Freiheit spricht, ohne den Begriff zu verwenden. Zunächst: Unmündigkeit ist ein anderes Wort für Unfreiheit. Der Mensch, der seinen eigenen Verstand nicht gebraucht, existiert in Unfreiheit. Die Einheit von Freiheit und Verstand wird hier unmittelbar deutlich. Der Verstand ist das theoretische Vermögen der Freiheit, aber zu ihrer praktischen Realisierung ist zusätzlich eine Entschließung nötig, die sogar Mut erfordert.

R Wahrscheinlich hast Du selbst bemerkt, dass Kant hier nicht von Vernunft, sondern von Verstand spricht.

W Richtig, aber der Unterschied ist für unsere Diskussion nicht bedeutsam. Was Kant betont, ist, dass Verstand und Vernunft im Schlafmodus nicht ausreichen, um frei zu sein. Sie müssen geweckt werden. Reale Freiheit setzt eine Entschließung und den Mut zum Handeln voraus.

Z Warum sollte es mutig sein, den Verstand beziehungsweise die Vernunft zu gebrauchen?

R Kant gibt dafür einen Hinweis, wenn er schreibt: „Dass der bei weitem größte Teil der Menschen […] den Schritt zur Mündigkeit […] für sehr gefährlich halte: dafür sorgen schon jene Vormünder, die die Oberaufsicht über sie gütigst auf sich genommen haben. Sie zeigen ihnen die Gefahr, die ihnen droht, wenn sie es versuchen, allein zu gehen."

W Obwohl Kant im Zeitalter der Monarchie schrieb, ist sein Text auch heute noch aktuell. Denken wir nur an jene Staaten, in denen freie Meinungsäußerung gefährlich werden kann.

R Es geht Kant jedoch nicht nur um den eigenen Verstandes- und Vernunft-Gebrauch, um freies Denken, sondern um die öffentliche Wahrnehmung dieser Freiheit. Sie darf sich nicht ins Private zurückziehen, sondern sie zeigt, indem sie öffentlich wirksam wird, ihre politische Dimension.

Z Dann ist die gedachte Freiheit Kants wirklich nicht „bloß ausgedacht".

Elftes Gespräch: Hegel und die gelebte Freiheit

W Hegel erkennt im elementaren Freiheitsbedürfnis des Menschen eine Willenskraft, die sich weltgeschichtlich durchsetzt. In diesem Sinne begreift er die Weltgeschichte als „Fortschritt im Bewusstsein der Freiheit".

Z Handelt es sich nur um Vorgänge im Bewusstsein oder auch um wirkliche Freiheit?

R Wenn wir bei Hegel von „gelebter" Freiheit sprechen, meinen wir eine Freiheit, in der sich das politische Leben in Staat und Gesellschaft verwirklicht.

W Ich will ganz grundsätzlich beginnen: Hegel hat nach Nietzsches Urteil verstanden, was Evolution ist: ein Prozess der Selbstgenerierung. Alles, was ist, ging und geht aus einem Prozess der Ausdifferenzierung und Komplexion hervor.

R Aber Hegel verwendet den Begriff der Evolution nicht. Ich würde sagen: Er führt anstelle des herrschenden statischen Modells ein Prozessmodell ein. Alles, was ist, ist geworden …

W … aber nicht als Entwicklung, sondern als Genese.

Z Bitte erklären Sie den Unterschied.

W „Entwicklung" lässt sich am Beispiel von Same und Frucht erläutern. Die Frucht ist im Samen enthalten, sie entwickelt sich aus seinem Potential. Bei „Genese" hingegen versagt das Samen-Modell. Der Same muss sich sozusagen selbst erzeugen, damit er zum Anfang einer Evolution werden kann.

R Darwin entwickelte eine Theorie der biologischen Evolution, Hegel ein dynamisches Modell des Geistes. Allerdings präsentiert er sein Prinzip evolutionärer Selbstgenerierung des Freiheitsbewusstseins bisweilen in schwer verständlicher Weise.

W Der Satz, der die meisten Fehldeutungen provoziert hat, lautet: „Was vernünftig ist, das ist wirklich; und was wirklich ist, das ist vernünftig." Was Hegel hier „wirklich" nennt, stimmt weder mit dem alltäglichen noch mit dem gängigen Verständnis des Wirklichkeitsbegriffs überein.

Z Offensichtlich muss man Hegels Sprache lernen, um ihn verstehen zu können.

W Wir werden Hegels dialektisches Wechselspiel von Wirklichkeit und Vernunft am Beispiel seines Staatsbegriffs erläutern. Zur Wirklichkeit in seinem Sinne gehört das Dasein des Staates, der als Produkt des menschlichen Geistes logischerweise eine Gestalt der Vernunft ist. Daher unternimmt Hegel, wörtlich zitiert, den „Versuch, den Staat als ein in sich Vernünftiges zu begreifen und darzustellen."

R In Hegels Evolutionsphilosophie sind konsequenterweise verschiedene Entwicklungsstufen von Staatlichkeit zu unterscheiden. Erst am Ende der philosophisch zu begreifenden Entwicklung hat der Staat die Gestalt einer freiheitlichen politischen Ordnung oder kurz eines Freistaates, in dessen Institutionen die Freiheit konkrete Wirklichkeit geworden ist.

W Das heißt im Sinne Hegels: gelebt von Bürgern, die begriffen haben, dass ihr gemeinsamer Freiheitswille das Lebenselexier eines freien Staates ist. Rousseau begründet diesen politischen Freiheitswillen als Herzensrepublikaner, Hegel als Vernunftrepublikaner.

Z Aber schauen Sie sich doch die heutige Wirklichkeit an: Der türkische Staat ist gegenwärtig im Prozess der Freiheitszerstörung und der Aufkündigung des Rechts. Staat und Freiheit stehen hier im krassen Widerspruch zueinander.

R Sie haben völlig recht. Aber sind diese Entwicklungen vernünftig? Nicht alles, was sich Staat nennt, entspricht dem Vernunftkriterium Hegels. Sein Begriff des Staates verlangt die Verwirklichung der Idee der Freiheit. Wo dies verhindert wird, haben wir es philosophisch betrachtet nicht mit einem vernünftigen Staat zu tun.

W Dass nicht alles, was wir als Wirklichkeit erleben, vernünftig ist, weiß Hegel natürlich auch. Dazu schreibt er: „Es gibt in der Weltgeschichte mehrere große Perioden, die vorübergegangen sind, ohne dass die Entwicklung [der Freiheit] sich fortgesetzt zu haben scheint, in welcher vielmehr der ganze ungeheure Gewinn der Bildung vernichtet worden und nach welchen unglücklicherweise wieder von vorne angefangen werden musste".

Z Mir scheint, wir schlittern in eine solche Periode und gefährden den erreichten Gewinn.

R Deshalb müssen wir den „freien Willen" stärken, der bei Hegel ein wirklicher Wille zur Freiheit ist. Er erfasst ihn als eine sich selbst verwirklichende Tätigkeit, die allen möglichen Rückschlägen trotzt.

W Dass der Freiheitswille nichts Statisches ist, macht Hegel in den Vorlesungen über die Geschichte der Philosophie deutlich. In einer philosophischen Zusammenschau dieser Geschichte erfasst er, wie die Idee der Freiheit sich bei großen Denkern fortschreitend artikuliert.

R Er betont, dass sich in ihrem Denken Strukturen eines Geistes abzeichnen, die als Momente eines dynamischen Ganzen zu verstehen sind. So gewinnt Hegel das Konzept der Selbstexplikation eines Freiheitsbewusstseins, das sich quasi des einzelnen Denkers bedient, um wirklich zu werden.

W Diesen Prozess der Selbstbewegung des Geistes begreift Hegel wörtlich als „eine Fortschreitung, die nicht das Denken eines Individuums durchläuft und sich in einem einzelnen Bewusstsein darstellt", sondern als den „in dem Reichtume seiner Gestaltung in der Weltgeschichte sich darstellenden allgemeinen Geist."

Z Das ist philosophisch kalorienreiche Kost. „Hegel light" haben Sie aber sicher nicht im Angebot.

R Sie sagen es. Hegels allgemeiner Geist darf deshalb auch nicht auf das reduziert werden, was sich im Kopfe großer Philosophen abspielt. Als überindividueller Geist transzendiert er deren Denken. Hegel nennt ihn den Weltgeist – auch das ein Begriff, der keine leichte Kost darstellt.

W Philosophiegeschichtlich gesehen zeichnet sich so eine Evolution des Freiheitsbewusstseins ab, die wir mit dem Wort von der Weltgeschichte als „Fortschritt im Bewusstsein der Freiheit" bereits zitiert haben.

R Weil diese Geschichte in die konkreten Verhältnisse der Welt verstrickt ist und das Freiheitsbewusstsein sich erst allmählich gegen Widerstände durchsetzt, sind Jahrtausende nötig. Ich zitiere wörtlich: „Diese konkrete Idee (der Freiheit) ist das Resultat der Bemühungen des Geistes durch fast 2500 Jahre".

W Hegel begründet die „Langsamkeit" der Entwicklung sowie den „ungeheuren Aufwand" und die „Arbeit des Geistes, sich zu erfassen" ausdrücklich mit dem „Begriff seiner Freiheit": „Die Griechen und die Römer [...] wussten nichts von diesem Begriff, dass der Mensch als Mensch frei geboren, dass er frei ist. [...] Sie wussten wohl, dass ein Athener, ein römischer Bürger [...]

frei ist, dass es Freie und Unfreie gibt; ebendarum wussten sie nicht, dass der Mensch als Mensch frei ist."

R Wenn man wie Hegel unterstellt, dass die „vernünftige" Betrachtung der Weltgeschichte etwas ganz anderes ist als die Annahme eines wirren Spiels von Zufällen und Machtinteressen, versteht man, dass er die Freiheit in einem Staat, der das Prädikat „Freistaat" verdient, als „absolute(n) Endzweck der Geschichte" begreift.

W Aber nur im Rückblick auf die Freiheitsgeschichte ist ein solcher „Endzweck" überhaupt auszumachen. Deshalb darf die ganz und gar missverständliche Rede vom Endzweck der Geschichte nicht teleologisch interpretiert werden, weil damit Hegels genetische Konzeption und mit ihr die Evolutionsphilosophie der Freiheit verlorenginge.

R Hegels Sicht auf die Geschichte ist eben die eines Philosophen, nicht die eines Historikers.

Z Jetzt verstehe ich: Er interessiert sich nicht für historische Tatsachen, sondern für die fortschreitende Verwirklichung der philosophischen Idee politischer Freiheit.

R Eben deshalb begreift Hegel seine Zeit als die Moderne, weil erst in ihr das Wissen erzeugt wurde, dass Freiheit sich in Recht und Staat äußert, nicht als „ein positives, durch Gewalt, Not usf. abgedrungenes Privilegium", sondern als „Substanz" der Freiheit oder wie Hegel auch sagt als ihr „Leben". Von daher versteht sich der Titel unseres heutigen Gesprächs: „Hegel und die gelebte Freiheit". Der Staat in Gestalt des Freistaates ist das Leben der Freiheit.

Z Ich habe mir als Merksatz eingeprägt: „Freistaat ist das deutsche Wort für Republik".

W Das ist die lateinische Worttradition. Hegel nennt den Staat, der die republikanische Freiheit aller gewährleistet, in griechischer Tradition den „politischen Staat". Leider fehlt uns die Zeit, die drei Momente im einzelnen zu erörtern, aus denen sich das dialektische Ganze staatlicher Freiheitsgewährleistung zusammensetzt.

R Nur so viel: Die drei Freiheitsmomente sind das Recht, die Moralität und die Sittlichkeit. Die Vernunft, die in der etwas altertümlich klingenden Sittlichkeit wirksam wird, ist die „politische Gesinnung" und damit – so wörtlich – „das zur Gewohnheit gewordene Wollen", die Freiheit als „Resultat der im Staate bestehenden Institutionen" zu verwirklichen ...

W ... beispielsweise zur Wahl zu gehen, obwohl in einem Staat, der die Freiheit der Wahl garantiert, nichts dazu zwingt als die politische Vernunft. Die politische Vernunft und ihre entsprechende Realisierung verlangt jedoch auch die bleibende *Anstrengung des Denkens*, um die unvernünftigen, d.h. unfreiheitlichen Tendenzen in der Gesellschaft aufzudecken.

Z Was aber auch die Aufgabe einer kritischen Zivilgesellschaft ist.

W In Deutschland hat sich nach zwei Diktaturen der Freistaat durchgesetzt: Am 8. Mai 1945 durch eine militärische Befreiung und am 9. November 1989 durch einen unblutigen Umsturz ...

R ... im Rahmen einer Freiheitsrevolution, deren gesamtdeutsches Erbe ein Geschenk darstellt, das wir nicht leichtfertig verspielen dürfen.

W Der Einsatz für den Erhalt und die Pflege unserer Freistaatlichkeit ist Aufgabe aller wahren Freiheitsfreunde.

Zwölftes Gespräch: Heidegger, Sartre und die Freiheit der Existenz

Z Die modernen Freiheitsdenker Heidegger und Sartre präsentieren Sie im „Doppelpack". Wie darf ich das verstehen?

R Beide denken Freiheit von der Existenz des Menschen her, entwickeln ihren Freiheitsbegriff aber in unterschiedlichen existenzphilosophischen Konzeptionen. In unserem „Doppelpack" geht es um dieses Unterschiede.

W Nach Heidegger wird der Mensch in die Welt geworfen und hat zu existieren. Die Weise, *wie* er existiert, muss er aber selbst als Möglichkeit erschließen.

R Das Problem ist, dass der Mensch sein eigenes Sein-können zumeist nicht realisiert. Indem er in die Welt geworfen ist, versteht er sich auch schon aus dieser, so wie er sie vorfindet, wie sie von anderen interpretiert und faktisch gelebt wird.

W Statt von sich aus eigene Möglichkeiten zu entwerfen, lässt er sich von vorhandenen Entwürfen, die er eben vorfindet, bestimmen. Er orientiert sich an der Art und Weise, wie *man* allgemein so lebt.

R Das heißt, er existiert nicht wirklich selbstbestimmt. Da Selbstbestimmung jedoch eine Charakterisierung der Freiheit ist, existiert der an das Man verfallene Mensch unfrei, heteronom statt autonom.

Z Aber das müsste doch jeder selbst merken.

W Eigentlich schon. Aber das fehlende Bewusstsein für diese Art der Unfreiheit hat seinen Grund in dem Umstand, dass der Mensch im Modus der Uneigentlichkeit glaubt, wörtlich „das volle und echte »Leben« […] zu führen", und dieser Glaube „bringt eine Beruhigung in das Dasein, für die alles »in bester Ordnung ist«, denn der Einzelne erfährt von anderen, dem Man, stets Bestätigung."

R Was dem Menschen als Realität und Wirklichkeit begegnet, ist die Lebenswelt des Man, der Spielraum vorgegebener Möglichkeiten, von denen wir meinen, es seien unsere eigenen.

W Zumeist lebt Jedermann wie betäubt in einer falschen Wirklichkeit.

Z Und nun kommt Herr Heidegger und proklamiert: Du musst dein Leben ändern!

W Die Frage ist nur, ob und wie er das kann, wenn doch alle im falschen Spiel mitspielen. Und wenn der Mensch nicht weiß und spürt, dass er unfrei ist, dann besteht für ihn auch kein Anlass, frei werden zu wollen.

R Einspruch: Das Gefühl, dass etwas fehlt, um wahrhaft glücklich zu sein und ein erfülltes Leben zu führen, beschleicht doch so manchen. Für Heidegger sind solche Stimmungen wichtig, denn in ihnen spricht sich „Unbewusstes" aus. Die Möglichkeit des eigentlichen Existierens könnte man für derart Unbewusstes halten.

W Weil der Mensch aber im hektischen Rhythmus der heutigen digitalen Welt permanent „präsent" sein muss und will, bleibt er dennoch im Man verfangen. Die Möglichkeit des eigenen

Seinkönnens muss ihm gezeigt, „geoffenbart" werden durch eine Erfahrung, der „man" nicht ausweichen kann.

R Diese Erfahrung ist der Tod. Er holt uns gewissermaßen von der Bühne des falschen Lebens und löst uns aus allen Bezügen, in die wir verstrickt sind. Diese Vereinzelung bringt den Menschen vor sich selbst und sein eigenes Seinkönnen.

Z Wie soll aus dem Tod das eigene Seinkönnen entspringen? Der Tod zerstört doch die Existenz. Dann vermag ich nichts mehr und alles Können ist vergeblich.

W So scheint es. Heidegger will uns keineswegs zum „Freitod" überreden. Aber angesichts des Todes, „im Vorlaufen in" die Situation des Todes bekommt das Dasein eine andere Perspektive auf sein Leben. In der ernsthaft vollzogenen gedanklichen Vorwegnahme des eigenen Todes wird dem Menschen die Existenzialität, die Einmaligkeit seines Lebens bewusst.

R Auf diese Weise gewinnt der Mensch eine Entschlossenheit für sich und die immer schon bestehenden existenzialen Möglichkeiten. Durch das Vorlaufen in den Tod erfahren die gegebenen Situationen, in denen der Mensch lebt, Vertiefung und Intensivierung. Sein Leben verliert die Oberflächlichkeit und Zufälligkeit und gewinnt an Tiefe und Transparenz.

Z Könnte man nicht sagen, das Leben des Menschen bekommt einen Reichtum, der ihm vorher verborgen war?

R Ich kann uneingeschränkt zustimmen und bringe Ihren Gedanken auf die Formel: Existenziale Freiheit stiftet den Sinn des Daseins.

W So weit so gut, aber wir wollen Heideggers existenzialen Freiheitsansatz auch kritisch prüfen. Anfangs sagt er, der Mensch existiere „zunächst und zumeist" im Seinsmodus des „Man". Dann aber macht er alle ausnahmslos zu „Gefangenen" des Man. Dadurch entwickelt er sein Freiheitskonzept in Opposition zum Man.

R Eigentlichkeit versus Uneigentlichkeit: diesen Dualismus überwindet er nicht. Und in gewisser Weise wiederholt er den dualistischen Ansatz Kants, der Freiheit als Gegenbegriff zur Kausalität bestimmt.

W Ich möchte einen weiteren problematischen Aspekt anführen. Auch wenn Heidegger sich gegen den Solipsismus-Vorwurf wehrt, bleibt der Mensch, durch den Tod und die Angst „gestählt", letztlich immer „solus ipse": allein auf sich selbst zurückgeworfen. Die Einzigartigkeit der Eigentlichkeit ist im Grunde eine einsame heroische Existenz.

Z Abgesehen davon bezweifle ich überhaupt, dass man in den Tod vorlaufen kann. Vielleicht ist es möglich, eine wirkliche Todeserfahrung zu machen, die das Leben dann in der Weise verwandeln kann, wie Heidegger es beschreibt.

W Wir könnten noch weitere Kritikpunkte anführen. Aber nun zu Sartre. Der Franzose war überzeugt, auf der Linie Heideggers weiterzudenken. Heidegger hingegen fühlte sich von Sartre falsch verstanden. Dessen Existenzialismus war nicht Heideggers Sache.

R Als Ausgangspunkt nehmen wir Sartres Aufsatz „Ist der Existenzialismus ein Humanismus?" aus dem Jahr 1945, weil hier sein existenzialistischer Freiheitsbegriff in komprimierter Form vorliegt.

W Sartre selbst versteht sich als atheistischer Existenzialist, weil für sein Verständnis Gott eine Bedrohung der menschlichen Freiheit darstellt. Gott als Schöpfer vergleicht er mit einem höherstehenden Handwerker, der den Menschen in ähnlicher Weise schafft wie der Handwerker sein Produkt. Vor dem Schaffensakt steht jeweils ein Konzept, das bestimmt, *was* das Erzeugnis sein soll, seine Essenz.

Z So eine kindlich-naive Gottesvorstellung hätte ich bei Sartre nicht vermutet.

R Nehmen wir an, er gebraucht sie funktional, um gegen sie ansetzen zu können. Sobald man Gott als Schöpfer denkt, bedeutet dies nach Sartre, dass das Wesen des Menschen bereits definiert ist. Denn für alle geschaffenen Dinge, ob Gegenstand oder Mensch, geht die Essenz (das Was-sein) der Existenz (dem Dass-sein) voraus. Selbstbestimmung und Freiheit sind dann ausgeschlossen.

W Sartre beklagt, dass die Atheisten zwar Gott abgeschafft hätten, dass sie aber weiter an der Vorstellung „Essenz vor Existenz" für den Menschen festhielten.

W Dagegen erklärt er: „Der atheistische Existenzialismus, den ich vertrete, ist kohärenter: Wenn Gott nicht existiert, so gibt es zumindest ein Wesen, bei dem die Existenz der Essenz vorausgeht. […]. Es bedeutet, dass der Mensch erst existiert, auf sich trifft, in die Welt eintritt, und sich erst dann definiert."

R Und nun springen wir gleich zu Sartres „Prinzip des Existenzialismus." „Der Mensch, ist nicht definierbar, weil er zunächst nichts ist. […] der Mensch ist nichts anderes als das, wozu er sich macht."

W Obwohl Sartre sich auf Heidegger bezieht, ignoriert er dessen wichtigstes Argument, die Geworfenheit in das Man. Bei Sartre wird der Mensch gleichfalls in die Welt geworfen, aber als ein Nichts. Darin liegt der größtmögliche Unterschied zu Heidegger.

R Aber Sartre spricht im Unterschied zu Heidegger von Verantwortung – nicht nur für sich, sondern auch für andere. Ich zitiere: „wenn wir sagen, der Mensch ist für sich selbst verantwortlich, wollen wir nicht sagen, er sei verantwortlich für seine strikte Individualität, sondern für alle Menschen."

Z Diese Wendung: „Verantwortung für alle Menschen" erschließt sich mir nicht.

W Für Sartre gibt es keine Entschuldigung für mein Sosein durch den Hinweis, dass ich in Charakter und Temperament halt so bin. Da mein Sosein Produkt meines Entwurfes ist, habe ich es einschließlich meines Charakters und meines Temperaments so gewählt. Da Sartre die Geworfenheit ausblendet, setzt er Freiheit radikal an und folglich ist auch die Eigenverantwortung für das jeweilige Leben radikal.

Z Sartre leugnet also vollkommen, dass der Mensch zumindest genetisch festgelegt ist?

W Von Genetik wusste Sartre noch nichts. Aber weil er die Freiheit des Menschen radikal denken will, blendet er alle essentiellen Bestimmtheiten aus.

R Kommen wir zu weiteren Schlussfolgerungen seines radikalen Freiheitskonzepts. Neben der Eigenverantwortung fordert Sartre die Verantwortung für alle Menschen. Dies erklärt er wie folgt: „Wählen, dies oder das zu sein, heißt gleichzeitig, den

Wert dessen, was wir wählen, zu bejahen, denn wir können niemals das Schlechte wählen; was wir wählen, ist immer das Gute, und nichts kann gut für uns sein, ohne es für alle zu sein [...] So ist unsere Verantwortung viel größer, als wir vermuten können, denn sie betrifft die gesamte Menschheit."

W Ich interpretiere dies so: Mit der eigenen Wahl schaffen wir ein Existenzmodell, das für andere beispielgebend sein kann. Denn „wählen" heißt bei Sartre, aus vorgegebenen Existenzmodellen eine Wahl treffen, für die ich dann individuell verantwortlich bin.

R Bei Sartre fehlt der entscheidende Aspekt der Eigentlichkeit. Deshalb ist sein Akt der Wahl – bei Heidegger im Entschluss – auch nicht einmalig. Sartre sagt: „Das bedeutet keineswegs, dass dieser Entwurf den Menschen ein für allemal definiert, sondern dass er reproduzierbar ist." Mit der Wahl definiert sich der Mensch, aber nicht total und nicht endgültig.

W Dies hat ihm den Vorwurf der Beliebigkeit eingebracht, den er wie folgt abweist: „Sie können beliebig wählen – trifft nicht zu. Sie können zwar wählen, aber was nicht möglich ist, ist nicht zu wählen. Ich kann immer wählen, doch muss ich wissen: wenn ich nicht wähle, wähle ich immer noch."

R Nicht zu wählen und sich von anderen bestimmen zu lassen, ist eben auch eine Wahl. Weil der Mensch als absolut freies Wesen sich wählen muss und sein Sosein nicht entschuldigen kann, schreibt Sartre den provozierenden Satz: „der Mensch ist dazu verurteilt, frei zu sein. Verurteilt, weil er sich nicht selbst erschaffen hat, und dennoch frei, weil er, einmal in die Welt geworfen, für all das verantwortlich ist, was er tut."

Z Sartre hat offensichtlich Freude an überzogenen Formulierungen wie: Verurteilt, frei zu sein.

R Das scheinbar Utopische der radikalen Freiheit erhält durch die radikale Verantwortung ein existenzphilosophisches Gegengewicht.

W Weil wir durch unsere Wahl wertsetzend sind – das Gute wollen –, bringt Sartre ähnlich wie Kant die Freiheit als Voraussetzung für Moral in Anschlag. Er schreibt: „Wenn ich erkläre, dass die Freiheit unter jedem konkreten Umstand kein anderes Ziel haben kann, als sich selbst zu wollen, und wenn der Mensch anerkannt hat, das er, in der Verlassenheit, Werte setzt, kann er nur noch eins wollen: die Freiheit als Grundlage aller Werte."

Z „Freiheit als Grundlage aller Werte" gefällt mir. Dafür bekommt Sartre meine Zustimmung.

Dreizehntes Gespräch: Rombach, Bieri und die Struktur der Freiheit

Z Der Ausdruck „Struktur der Freiheit" sagt mir nichts.

R Wir gebrauchen ihn im Anschluss an Heinrich Rombachs „Strukturanthropologie", in der er einen entsprechenden Freiheitsbegriff entwickelt.

W Rombach steht in der Tradition von Hegel und Heidegger, deren Kritiker er aber zugleich ist. Wir konzentrieren uns zunächst auf die Heideggerkritik, weil dadurch sein eigener Freiheitsbegriff deutlich profiliert werden kann.

R Heidegger denkt Freiheit als Befreiung aus uneigentlichem Dasein. Freiheit gewinnt der Mensch nur durch vereinzelnden Rückzug auf sich selbst. Für Rombach dagegen ist Vereinzelung kein Freiheitsphänomen.

W Aber auch Sartres Position greift Rombach an. Er schreibt: „Offenbar in der Furcht, dass die Rückgründung des Entwurfs auf einen bestimmten menschlichen Charakter dem Entwurf die Freiheit nehmen würde", leugne Sartre „die Realität von *Charakter* und *Temperament* als sittliche und natürliche Zielveranlagung".

Z Realitätsverleugnung nennt man heute postfaktisch.

R Rombach begnügt sich nicht mit dieser Kritik. Er sieht Freiheit und Gewordenheit nicht als „Gegenspieler", vielmehr realisiert sich für ihn – Zitat – „das fundamentalste Freiheitsphänomen gerade nur in der Gewordenheit". Denn der Mensch soll nicht nur frei *handeln*, sondern frei *sein*. Und nur wer innerlich frei geworden ist, handelt auch frei.

Z Und wie wird man nun ein freier Mensch?

W Jedenfalls nicht durch einen aus dem Nichts geborenen Entwurf im Sinne Sartres oder durch die willensmäßige Entschlossenheit im Sinne Heideggers. Rombach kritisiert, dass eine abrupt ergriffene Möglichkeit niemals eine „eigene" Möglichkeit werde, wie „eigentlich" sie auch ergriffen sei.

R Zur „eigenen" Möglichkeit werde ein Lebensschritt erst dann, wenn er strukturell in das Ganze des Daseins eingebunden ist. Nur *Arbeit* könne aus Gelegenheiten „Möglichkeiten" machen, und zwar – wörtlich zitiert – „eine unablässige und korrektive Lebensarbeit, die alle Details strukturiert – oder das Nichtstrukturierte als *solches* einstrukturiert."

Z Jetzt verstehe ich den Ausdruck „Struktur der Freiheit".

R Freiheit ist keine *Eigenschaft*, sondern der Mensch kann sich in einem kreativen Arbeitsprozess strukturell frei machen von Verkrustungen seiner Lebenssituation. Zitat: „Freiheit ist eine Übergangs-Kategorie. Freiheit gibt es nur als Befreiung,»Emanzipation«, […] die „nur in einem Korrekturgang von Hebungen und Entwicklungsstufen hinweg konkret werden kann."

Z Das müssen Sie erläutern.

R Der Mensch ist nicht zuerst da – wie Sartre meint – und dann auch noch in einer Situation, sondern Dasein ist wesentlich situativ verfasst.

W Das, was ich bin und meine Situation ist dasselbe. Würde ich mich aus einer Situation, durch die ich konstituiert bin, à la Sartre heraussprengen, gäbe es kein Ich mehr. Reine Existenz ist eine falsche Vorstellung. Um an meiner Freiheit zu arbeiten, muss ich folglich an und in meinen Situationen arbeiten.

R Gegen Sartre betont Rombach: „Man ist nicht frei aus dem Stand. Freiheit ist das Resultat einer Arbeit, die der Einzelne sowohl an sich selbst, wie an seiner Lebenswirklichkeit, und schließlich auch an seiner sozialen, politischen und geschichtlichen Realität zu leisten hat."

W Wie gegen Heidegger gerichtet schreibt er: „Darum kann ich nicht für mich allein frei sein, sondern ich muss mit meinen Nächsten eine gemeinsame Struktur (oder Situation) schaffen, in der ich und die anderen *gleicherweise* frei sind. Dieser mein „intimer" oder „persönlicher" Lebenskreis kann wieder nur dann gelingen, wenn meine politische Situation (mit meiner Hilfe) eine freiheitliche ist."

Z Diese freiheitliche Solidarität beeindruckt mich wirklich.

R Bei Rombach verliert die Entscheidung, frei zu sein, nicht nur ihren heroischen Charakter. Statt Entscheidung geht es um Findung. Dazu nochmals ein Zitat: „Freiheit ist keine Frage der Idee oder der Entscheidung, sondern ein Problem der schöpferischen Findung. […] Freiheit ist nur schöpferisch, d.h. konkreativ mit der Wirklichkeit selbst und mit den Mitmenschen möglich."

W Der Freiheitsgewinn ist nicht wie bei Heidegger total und einmalig. Daher muss man nicht sein Leben völlig umstürzen. Aber es kommt darauf an, Situationen gelingen zu lassen.

R Sein Motto: „Freiheit muss gelingen". erläutert Rombach folgendermaßen: „Es ist wichtig „so in eine Situation vorzugehen, dass diese in ihre eigene Dynamik freigesetzt und zum Prozess einer Selbsthebung geführt wird, in dem viel größere Wirkungen entstehen, als sie ein Mensch je durch Handeln und Machen hervorbringen könnte. […] alles bekommt mehr Bestimmtheit, mehr Struktur, mehr Tiefenschärfe."

Z Und das heißt: mehr Freiheit.

W Gehen wir nun zu Peter Bieri über. Wir lassen ihn deshalb zu Wort kommen, weil er als Freiheitsfreund gegen die Behauptung mancher Neurowissenschaftler antritt, der freie Wille wäre eine Illusion. Zwar fühlten wir uns frei, aber in Wirklichkeit erlägen wir einer Illusion, die wir bräuchten, um so etwas wie Verantwortung zu rechtfertigen.

R Zu diesen Neurowissenschaftlern gehören Gerhard Roth und Wolf Singer, Co-Autoren eines „Manifests der Hirnforschung", das 2004 für Aufsehen sorgte. Mit der Entschlüsselung des neuronalen Geschehens wüsste man, was der Mensch ist.

W Roth und Singer vertreten dort die kühne Behauptung, mit Methoden bildgebender Verfahren das Bewusstsein erklären zu können.

R Im Jahr 2015, also elf Jahre nach dem Manifest, veröffentlicht Gerhard Roth den Aufsatz „Alternativistische Willensfreiheit ist empirisch widerlegbar".

W Bereits mit dem Titel habe ich ein Problem. Da Willensfreiheit nichts Empirisches ist, kann sie auch nicht empirisch widerlegt werden.

Z Es wäre aber doch interessant zu wissen, wie Roth seine Behauptung begründet.

W Roth bezieht sich auf die Experimente von Benjamin Libet im Jahr 1983. Dieser meinte im Gehirn ein Bereitschaftspotential nachweisen zu können, das mehrere hundert Millisekunden vor dem von den Versuchspersonen angegebenen Zeitpunkt messbar war.

R Daraus zog er den Schluss, dass das Gehirn schon entscheidet, bevor der bewusste Entschluss erfolgt. Durch Experimente neueren Datums, d.h. durch Einsatz der Kernspintomografie, sieht Roth Libets Beobachtung bestätigt.

W Er schreibt, als Hirnforscher nehme er „bis zum Beweis des Gegenteils an, dass alles in meinem Gehirn deterministisch abläuft" und dass es für die Willensfreiheit „*keinerlei* empirische Beweise gibt."

Z Und was sagt ihr Opponent Peter Bieri zu dieser These? Auf welche Fehler macht er aufmerksam?

W Bieri bringt anders geartete Aspekte ins Spiel als die Kritiker Roths, die sich auf Messfehler berufen oder anführen, dass die Experimente mit zu einfachen Aufgaben arbeiteten.

R Zunächst unterscheidet er zwei Arten von Dualismus: „Der Kontrast zum Determinismus ist der Indeterminismus. Und der Kontrast zu Freiheit ist nicht Determinismus, sondern Zwang."

W Roths Konzept der deterministisch organisierten Hirnstrukturen stünde also der Freiheit nicht entgegen.

R Zweitens unterstreicht Bieri, dass diese Neurowissenschaftler die Freiheit des Willens als Fähigkeit bestimmen, eine völlig neue, geschichtslose Kausalkette in Gang zu setzen.

W In seinem Hauptwerk „Handwerk der Freiheit" zeigt er, dass die Idee einer absoluten Freiheit ein Mythos bzw. ein Irrglaube ist. Stattdessen sei von bedingter Freiheit bzw. Freiheit in begrenzten Spielräumen zu reden.

R Ähnlich wie Rombach sagt er: „Was wäre eine Freiheit wert, die nicht in eine Lebensgeschichte eingebettet ist?" Absolute

Freiheit und Indeterminismus sind Wechselbegriffe. Mit beiden Begriffen wird das Freiheitsphänomen nicht getroffen.

Z Mir kommt das Wort von der Tyrannei in den Sinn. Handelt es sich hier nicht um eine Tyrannei des Gehirns?

R Dies würde Bieri sicherlich bestätigen. Er spricht aber nicht von Tyrannei, sondern von einer sprachlichen Falle. Sie liegt im Ausdruck: das Gehirn entscheidet.

W Ich zitiere die betreffende Stelle: „Auf der Ebene des Gehirns ist gar nichts entschieden, dort kann sich gar nichts entscheiden. Dort gibt es physikalische Aktivitätsmuster und chemische Prozesse, sonst nichts. Es ist ein Fehler, in die neurobiologische Rede über das Gehirn einen Begriff wie *entscheiden* aus der Sprache des Geistes einzuschmuggeln. Denn wenn man es tut, macht man das Gehirn, ohne es zu wollen, zu einem Homunkulus, also einer kleinen Person in der großen Person."

R Der Begriff Entscheidung setzt so etwas wie Freiheit voraus, die Roth jedoch bestreitet. Dazu sagt Bieri: „Der Begriff der Freiheit gehört zu einem Repertoire, mit dem wir uns als Personen beschreiben, also zu Begriffen wie Absicht, Handlung, Grund."

Z Zum Repertoire meiner Person gehört der Satz: Ich bin mehr als mein Gehirn!

R Ein guter und schöner Satz. Weil er für uns alle drei gilt, haben wir unser Dreiecksgespräch als Dialog zwischen Personen – und nicht zwischen Gehirnen – erlebt.

W Als dritten Kritikpunkt führt Bieri den Kategorienfehler der betreffenden Neurobiologen an. Wirklichkeit kann man wissenschaftlich hinsichtlich verschiedener Perspektiven beschreiben.

Das Stichwort lautet: Perspektivenpluralismus. Diesen Pluralismus bestreiten die Freiheitskritiker.

R Mit einem Beispiel gelingt es Bieri sehr gut, dies zu veranschaulichen. „Betrachten Sie ein Gemälde an der Wand. Sie können es als einen physikalischen Gegenstand [...] beschreiben, von seiner Masse und seinem Gewicht sprechen, [...] von der chemischen Zusammensetzung der Farben.[...] Dieser Betrachtungsweise können Sie die rein ästhetische Perspektive hinzufügen. Als Auktionator [...] interessieren Sie vor allem die Echtheit, der Handelswert und die Herkunft des Bildes."

W Bieri argumentiert: „Niemand käme auf die Idee zu sagen, es hingen mehrere Gegenstände an der Wand: ein physikalischer, ein ästhetischer, ein merkantiler. [...] Keine der verschiedenen Beschreibungen ist näher an der Wirklichkeit oder besitzt einen höheren Grad an Tatsächlichkeit als die anderen. [...] und es wäre ein Unsinn, wenn jemand versuchte, zwischen ihnen eine Konkurrenz herzustellen und das eine gegen das andere auszuspielen."

R Bieri versteht dieses Beispiel als Analogie zur Freiheitsfrage. „Man sucht in der materiellen Zusammensetzung eines Gemäldes vergeblich nach Darstellung oder Schönheit, und im selben Sinne sucht man in der neurobiologischen Mechanik des Gehirns vergeblich nach Freiheit oder Unfreiheit. Es gibt dort weder Freiheit noch Unfreiheit. Das Gehirn ist der falsche logische Ort für diese Idee."

Epilog

Z Sie beschließen Ihre Gespräche mit einem Epilog.

W Nachdem Sie unseren Dialog sehr aufmerksam begleitet haben, sind wir natürlich gespannt auf Ihre abschließende Stellungnahme.

Z Zunächst hatte ich nicht erwartet, dass Ihre Freiheitsfreunde so unterschiedlich von Freiheit sprechen. In Ihren Gesprächen haben Sie die Perspektive der einzelnen Philosophen und ihrer jeweiligen Philosophie darstellt. Wie mir scheint, treffen sich diese Perspektiven jedoch nicht in einem gemeinsamen Punkt.

R Unsere Freiheitsfreunde gehören verschiedenen Epochen an. Wenn Hegel sagt, Philosophie sei „ihre Zeit in Gedanken erfasst", so bedeutet dies, dass die Freiheitsgedanken aufgrund der verschiedenen Zeiten unterschiedlich sein müssen. Damit ergibt sich kein gemeinsamer Gesprächsgegenstand.

Z Aber wäre es nicht möglich, die verschiedenen Positionen in ein fingiertes Gespräch der Philosophen miteinander einzubringen. Ich stelle mir vor, dass das Gespräch ähnlich wie bei Sokrates ablaufen könnte.

W Wenn Sie an das aporetische Ende der sokratischen Dialoge denken, dürften Sie keine abstrakte begriffliche Erklärung dessen erwarten, was denn nun das Wesen der Freiheit ist.

R Zu bedenken sind auch die epochalen Differenzen, die sich einer philosophischen Harmonisierung widersetzen. „Friede, Freude, Eierkuchen" ist für Freiheit keine angemessene Devise.

W Ich erinnere an Hannah Arendts Plädoyer für die Pluralität der Wahrheit. Bezogen auf die Freiheit bedeutet dies, dass die verschiedenen philosophischen Positionen die Pluralität der Freiheit widerspiegeln.

Z Soll das heißen, dass es *die* Freiheit schlechthin nicht gibt?

R Wenn wir keine Tyrannei der Freiheit wollen – die ein Widerspruch in sich wäre – müssen wir uns von „der" Freiheit als der Freiheit an sich verabschieden. Wir könnten zwischen unseren Freiheitsphilosophen aber eine Art philosophischer Verwandtschaftsbeziehungen herstellen.

W Du spielst auf den Begriff der Familienähnlichkeit von Wittgenstein an?

R Dabei geht es selbstverständlich nicht um äußere Ähnlichkeiten wie die Knollennase des alten Sokrates, sondern um die innere Übereinstimmung im philosophischen Prinzip. So ist die sokratische Freiheit des Fragens mit dem grundsätzlichen Zweifel bei Descartes verwandt. Bei beiden könnten wir auch ein revolutionäres Moment ihrer Freiheitskonzeption feststellen.

W Andererseits findet man das dialogischen Prinzip der sokratischen Freiheit in familienähnlicher Weise bei Rombach: Ich kann nicht allein für mich frei werden.

R Eine prinzipielle Übereinstimmung in der politischen Perspektive auf die Freiheit erkennen wir bei Aristoteles, Rousseau und Hegel. Aus der griechischen Polis wird bei Rousseau und Hegel der Freistaat als Ordnungsstruktur freiheitlichen Daseins.

W Rousseau und Kant verbindet das Phänomen des freien Willens. Der gemeinsame freie Wille aller freiheitsgesinnten Bürger enthält bei Rousseau eine enorme politische Kraft.

R Das ist die Wirkung, die auch Hegel interessiert. Die Genese des Freiheitsbewusstseins und der damit einhergehenden

Realisierungsformen von Freiheit ist von einer wirksamen Willensdynamik getragen.

W Und weil es sich dabei um die philosophische Betrachtung weltgeschichtlicher Entwicklungen handelt, bleibt Rombachs These unberührt, dass Freiheit keine Eigenschaft ist, von der wir willentlich Gebrauch machen können.

R Die grandiose Konzeption Picos della Mirandola vom Menschen als „plastes et fictor" findet in Heideggers Rede vom Entwurf ihre existenzphilosophische Modifikation. Das entsprechende Freiheitsphänomen ruht jedoch auf unterschiedlichen epochalen Fundamenten.

W Picos Entwurfspotential könnte als absolute Freiheit verstanden werden. In dieser Hinsicht gibt es Entsprechungen zu Sartres Formel: die Existenz geht der Essenz voraus. Allerdings liegt zwischen Picos biblisch-christlichem Denkhorizont und dem Atheismus Sartres eine unauflösbare Differenz.

R Weil trotz gewisser Familienähnlichkeiten die Unterschiede epochal differieren, wäre ein echtes Gespräch zwischen Pico und Sartre nicht denkbar. Das Hermetische der epochalen Verfasstheit lässt sich nicht auf hermeneutische Weise überbrücken.

Z Würden Sie mir das bitte auf deutsch erklären!

W Die beiden philosophischen Entwürfe ruhen auf unterschiedlichen weltanschaulichen Fundamenten. Diese lassen sich einander nicht so annähern, dass dadurch ein neues gemeinsames Fundament entstehen könnte, auf dem dann eine hermeneutische Übersetzung möglich wäre.

R Möglich ist aber, hermeneutische Entsprechungen von dritter Seite, durch uns als Interpreten, herzustellen. Durch diese „sprechen" die Philosophen auf vermittelte Weise miteinander.

Z Ihre Verwandtschaftsbeziehungen rücken aber nur das Verbindende ins Licht. Von möglichen Streitigkeiten zwischen Ihren Freiheitsphilosophen haben Sie nicht gesprochen. Da gäbe es wohl viel mehr zu sagen.

R Auch ein Streit ist nur auf gemeinsamer Gesprächsgrundlage möglich.

Z Das leuchtet ein. Dann frage ich nach Ihrem eigenen Freiheitskonzept.

W Wenn Sie uns am Ende der Gesprächsreihe direkt danach fragen, wollen wir mit unserer Antwort nicht hinter dem Berg halten. So völlig eigen ist dieses Konzept allerdings nicht. Es kann als Fortführung des Rombachschen Ansatzes verstanden werden.

Z Gerade bei ihm hatte ich meine Zweifel. Wenn ich mich recht erinnere, sagt er: „Freiheit lässt Leben gelingen". Das mutet auf den ersten Blick großartig an. Aber vielen Menschen gelingt ihr Leben nicht und sie haben das Gefühl, dass es nicht an ihnen liegt, zumindest nicht an ihnen allein. Solchen Menschen muss Ihr Lobpreis der Freiheit wie Hohn erscheinen.

W Danke für diesen wichtigen Einwand. Er führt indirekt zu unserer Konzeption. Wir haben die Erfahrung gemacht, dass man Nichtgelingen von Scheitern unterscheiden muss.

Z Typische Philosophen-Haarspalterei, könnte man meinen.

R Oft liegen zwischen sehr ähnlich scheinenden Phänomenen Welten.

Z Dann erklären Sie bitte den Unterschied.

W Es hängt alles an der Einstellung zu dem, was nicht in Erfüllung ging. Nehmen wir ein Beispiel: Psychotherapeuten berichten von Frauen, die in eine elementare Lebenskrise geraten, weil nach wiederholten Versuchen, schwanger zu werden, auch medizinische Unterstützung in sogenannten Kinderwunschzentren ohne Erfolg blieb. Weil der Lebenstraum vom Kind geplatzt ist, erscheint diesen Frauen ihr Leben sinnlos, sodass sie sogar an Suizid denken.

R An deinem Beispiel kann man erkennen, dass die Verwechslung von „Sinn" und „Zweck" sehr problematisch werden kann. Wenn der Kinderwunsch derart verabsolutiert wird, dreht sich alles nur darum, diesen Zweck zu erfüllen. Wie die Studien zu Frauen in Lebenskrisen wegen des Ausbleibens einer Schwangerschaft zeigen, setzen sie alle verfügbaren Mittel ein, um den angezielten Zweck zu erfüllen. Mit dem Verfehlen der Zweckerfüllung betrachten sie dann auch ihr eigenes Leben als verfehlt.

Z Und wie schaffen es Therapeuten, diese verzweifelten Frauen davon abzubringen, sich das Leben zu nehmen?

R Es kommt darauf an, dass sie lernen, loslassen zu können. Das Gelingen hängt in diesem Fall gerade nicht von einem zweckorientierten oder zielgerichteten Handeln ab, sondern vom Verzicht auf die Verabsolutierung des gesteckten Zieles.

W Weniger dramatisch sind vielleicht verhinderte Projekte, die sich nicht verwirklichen lassen. Man könnte dann davon sprechen, dass sie gescheitert sind. Aber eben durch diese Interpretation vollzieht man das Scheitern. Es gibt andere Möglichkeiten, damit umzugehen. Schon weniger totalisierend könnte die Beantwortung der Situation als Nichtgelingen gesehen und erlebt werden.

W Du meinst, wenn ich die Situation anders interpretiere, dann wird auch die Situation eine andere?

R Situationen sind nichts Objektives, sondern stets bin ich als Subjekt mitbeteiligt. Darin liegt ein immer neu zu entdeckendes

Freiheitspotential, denn niemand kann mich dazu zwingen, einen Misserfolg zum eigenen Scheitern zu erklären. Ganz im Gegenteil: Die geänderte Einstellung zur Nichtrealisierbarkeit eines Projekts eröffnet neue Spielräume. Diese können sogar so weit reichen, dass ich das „Scheitern" annehme, akzeptiere, begrüße, weil ich erkenne, dass darin die Möglichkeit liegt, ein anderer werden zu können.

W Dies erinnert mich an eine Episode aus den Kalendergeschichten von Brecht. „Was machen Sie?" wurde Herr K. gefragt. „Ich bereite meine nächsten Irrtum vor", gab K. zur Antwort. In dieser Szene reflektiert Brecht eine positive Einstellung zu eigenen Irrwegen.

R Der bewusste und geschärfte Umgang mit der eigenen Möglichkeit, das Scheitern als Nichtgelingen zu erfahren, ist schon eine Befreiung aus der Falle bzw. das Erkennen der Falle, um nicht in sie hinein zu tappen.

W Ich würde sagen, es ist eine Freiheitserfahrung, diesen Unterschied zwischen Scheitern und Nichtgelingen nicht nur reflektiert, sondern auch erlebensmäßig vollzogen zu haben. Dafür kann man einen Spürsinn entwickeln, den ich Freiheitssinn nennen würde.

R Aber auch die sich daraus ergebende Fähigkeit, ein Nichtgelingen ins Positive zu wenden, setzt unter günstigen Umständen ungeahnte Kräfte frei.

W Dazu sage ich: Bon courage, Good luck oder Nur Mut!

Z Ein bisschen kommen Sie mir vor wie Münchhausen, der sich immer am eigenen Schopf aus dem Sumpf zieht. Wie wir aber wissen, ist dies die literarische Fiktion einer real unmöglichen Handlungsweise.

R Sie wollen uns aber hoffentlich nicht mit dem Lügenbaron vergleichen. Was nicht von allen und nicht zu jeder Zeit erfahrbar ist, muss deshalb weder abwegig noch erfunden sein. Aber es könnte ein Modell werden für gelebte Freiheit auch im Nichtgelingen.

W Und mit diesem Modell: „Freiheit im Nichtgelingen" setzen wir unseren eigenen Freiheitsakzent.

Rolf Gröschner, promovierter und habilitierter Jurist, war von 1993 bis zur Emeritierung 2013 ordentlicher Professor für Öffentliches Recht und Rechtsphilosophie an der Universität Jena.

Wolfgang Mölkner, promovierter Philosoph, war von 1977 bis zur Pensionierung 2013 Gymnasiallehrer für Deutsch, Religion und Philosophie.

Bibliografische Information der Deutschen Nationalbibliothek. Die Deutsche Nationalbibliothek registriert diese Publikation in der Deutschen Nationalbibliografie; detaillierte bibliografische Daten im Internet unter http://d-nb.de.

Alle Rechte vorbehalten. Das Werk ist urheberrechtlich geschützt. Jede Verwertung außerhalb der Freigrenzen des Urheberrechts ist ohne Zustimmung des Verlags unzulässig und strafbar. Das gilt insbesondere für Vervielfältigungen, Übersetzungen, Mikroverfilmungen und die Einspeicherung und Verarbeitung in elektronischen Systemen.

© Seubert Verlag Basel; Nürnberg 2023

Layout, Umschlag und Satz: Kristina Schippling

ISBN: 978-3-98795-005-6

Printed in Poland
by Amazon Fulfillment
Poland Sp. z o.o., Wrocław
02 February 2023

703c82b2-5ec8-460f-8d4c-8f5cd5343adaR01